国家出版基金项目
NATIONAL PUBLICATION FOUNDATION

“十四五”时期国家重点图书
中国社会科学院马克思主义研究院学者文库

走进现实
马克思主义基本原理大众化

3

辛向阳　主编

打开密钥
人类社会发展规律

彭五堂　著

山东人民出版社·济南
国家一级出版社　全国百佳图书出版单位

图书在版编目（CIP）数据

打开密钥：人类社会发展规律 / 彭五堂著. -- 济南：山东人民出版社, 2023.12

（走进现实：马克思主义基本原理大众化 / 辛向阳主编）

ISBN 978-7-209-14011-9

Ⅰ. ①打… Ⅱ. ①彭… Ⅲ. ①马克思主义－社会发展史－研究 Ⅳ. ①A811.692

中国版本图书馆CIP数据核字（2022）第207252号

打开密钥：人类社会发展规律

DAKAI MIYAO　RENLEI SHEHUI FAZHAN GUILÜ

彭五堂　著

主管单位　山东出版传媒股份有限公司
出版发行　山东人民出版社
出 版 人　胡长青
社　　址　济南市市中区舜耕路517号
邮　　编　250003
电　　话　总编室（0531）82098914
　　　　　市场部（0531）82098027
网　　址　http://www.sd-book.com.cn
印　　装　山东新华印务有限公司
经　　销　新华书店

规　　格　16开（169mm×239mm）
印　　张　13.5
字　　数　135千字
版　　次　2023年12月第1版
印　　次　2023年12月第1次
ISBN 978-7-209-14011-9
定　　价　59.00元

总 序

党的十八大以来，习近平总书记数百次地强调坚持和发展马克思主义。2018年5月，在纪念马克思诞辰200周年大会上的讲话中，习近平总书记指出："马克思主义始终是我们党和国家的指导思想，是我们认识世界、把握规律、追求真理、改造世界的强大思想武器。"2021年7月，习近平总书记在庆祝中国共产党成立100周年大会上的讲话中强调，必须继续推进马克思主义中国化，坚持把马克思主义基本原理同中国具体实际相结合、同中华优秀传统文化相结合。2022年10月，习近平总书记在党的二十大报告中指出："只有把马克思主义基本原理同中国具体实际相结合、同中华优秀传统文化相结合，坚持运用辩证唯物主义和历史唯物主义，才能正确回答时代和实践提出的重大问题，才能始终保持马克思主义的蓬勃生机和旺盛活力。"我们要深入学习领会习近平总书记重要讲话精神，马克思主义不仅是我们党和国家的指导思想，也是我们认识世界、把握规律、追求真理、改造世界的强大思想武器。要充分发挥马克思主义的真理力量，就需要不断推进马克思主义中国化时代化，推进马克思主义理论大众化，从更深层次、更大范围内实现理论掌握群众和群众掌握理论，使人民群众学懂弄通并扎实践行习近平新时代中国特色社会主义思想，为实现中华民族伟大复兴提供行动指南。

马克思早在1843年《〈黑格尔法哲学批判〉导言》中就提出："理论一经掌握群众，也会变成物质力量。"列宁在1905年8月致阿·瓦·卢那察尔斯基的信中强调，为了通俗地叙述社会主义的任务，社会主义的实质和实现的条件，"写出一本有关这个题材的内容丰富又很通俗的读物是极端重要的"。他进一步于1917年5月《在彼得格勒党组织大会上关于俄国社会民主工党（布）第七次全国代表会议（四月代表会议）结果的报告》的提纲中提出："最马克思主义＝最通俗和朴实（转化）。"毛泽东同志在1942年5月的《在延安文艺座谈会上的讲话》中，提出了马克思主义"大众化"的要求，"就是我们的文艺工作者的思想感情和工农兵大众的思想感情打成一片。而要打成一片，就应当认真学习群众的语言。如果连群众的语言都有许多不懂，还讲什么文艺创造呢？"邓小平同志也曾于1992年春在武昌、深圳、珠海、上海等地的谈话中强调："马克思主义是很朴实的东西，很朴实的道理。""长篇的东西是少数搞专业的人读的，群众怎么读？要求都读大本子，那是形式主义的，办不到。"

2017年10月，习近平总书记在党的十九大报告中强调："必须推进马克思主义中国化时代化大众化，建设具有强大凝聚力和引领力的社会主义意识形态，使全体人民在理想信念、价值理念、道德观念上紧紧团结在一起。"从这些相关论述中可以看出，推进马克思主义中国化时代化大众化，要求我们学习、运用群众的语言，写出通俗、朴实的作品，以使马克思主义为人民群众所理解、掌握和运用。

马克思在研究纷繁复杂的资本问题时，恰是从人们最平常接触到的商品入手，"资本主义生产方式占统治地位的社会的财富，表现为'庞大的商品堆积'"。他从"商品"这个资本主义社会财富的"元素形式"出发，运用通俗易懂的示例和演算，逐步揭示了资本主义社会运行规律，指明了资本主义基本矛盾，使无产阶级越来越清醒地认识到自身的阶级状况和历史使命。因此，恩格斯在1886年11月5日为《资本论》写的英文版《序言》中，形容"《资本论》在大陆上常常被称为'工人阶级的圣经'"。列宁为了在人民群众中宣传普及马克思主义，十分重视报纸、传单等形式的运用。1913年7月波涛出版社成为俄国社会民主工党中央委员会的出版社后，遵照中央的指示，重点出版了列宁的《俄国的罢工》《马克思主义和取消主义》等宣传通俗读物。为了更通俗地宣传有关帝国主义的观点，列宁在1916年写作《帝国主义是资本主义的最高阶段（通俗的论述）》一书时，曾于7月2日致米·尼·波克罗夫斯基的信中提道："如果认为最好避免用帝国主义这个字眼，那就用：《现代资本主义的基本特点》。（《通俗的论述》这一副标题绝对必要，因为许多重要材料就是按照作品的这种性质来阐述的。）"这体现了列宁力图用通俗、朴实的语言向人民群众宣传的态度。毛泽东同志则对推进马克思主义大众化的形式进行了多方面的实践探索。他创办《湘江评论》等报刊宣传马克思主义，探索以农民运动讲习所和工人夜校等形式普及马克思主义。他旁征博引，古为今用，洋为中用，提出了"为人民服务""实事求是""星星之火，可以燎原""枪杆子里面出政权"等鲜活的语言来表述马克思主义。邓小平同志也善于运用并创造性地提出了"发展才是硬道理""两手抓、两手都要硬""科学技术是第一生产力"等朴实的话语来阐发马克思主义。

面对人民群众日益增长的精神文化需求，2014年10月习近平总书记在文艺工作座谈会上强调："要跟上时代发展、把握人民需求，以充沛的激情、生动的笔触、优美的旋律、感人的形象创作生产出人民喜闻乐见的优秀作品，让人民精神文化生活不断迈上新台阶。”实际上，不仅在文艺工作领域，在意识形态和理论宣传等领域也需要反映时代要求和人民心声、通俗易懂地宣传阐释马克思主义的优秀作品，以推进马克思主义中国化时代化大众化，促进人民群众对马克思主义的理解、掌握和运用。

为此，我们编写了《走进现实：马克思主义基本原理大众化》系列丛书。本套丛书是紧密联系现实的马克思主义基本原理大众化科学读本，说理透彻，时代性强。丛书分为六册，分别从马克思主义导引、科学实践观的整体原则、人类社会发展规律、正确认识资本主义、当代资本主义的发展、科学社会主义等六个方面展开解读，清晰阐释马克思主义的历史脉络及展望未来马克思主义的发展前景。

本套丛书主要有以下特点：

一是现实性。本套丛书坚持理论和实践、历史和现实相结合的原则，紧密结合当代世界发展的实际、当代中国发展的实际、马克思主义中国化发展的实际，探索马克思主义发展的科学规律及当代发展和未来趋势。丛书注重全面理解马克思主义理论体系的基本内涵、时代特征和历史发展，深入理解习近平新时代中国特色社会主义思想如何把马克思主义基本原理同中国具体实际相结合、同中华优秀传统文化相结合，不断发展马克思主义。

二是通俗性。面向大众，贴近生活，是人民群众读得懂、看得明白的马克思主义科学读本。虽然大众早已对“马克思主义中国化”耳熟能详，但真正能把马克思主义科学内涵和历史发展规律等厘清的大多是专业研究人员，对普通群众来说，马克思主义是“熟悉的，也是陌生的”。本套丛书立足马克思主义大众化，使马克思主义不再是象牙塔里研究的枯燥理论。它以通俗的语言生动地阐释了马克思主义的科学内涵、理论体系和精神实质，使广大群众能够较为轻松地学习理解并准确掌握马克思主义。

三是学术性。从历史、理论和现实结合的高度，以恢宏的理论视野、深刻的理论论证、清晰的发展脉络、翔实的文献资料，阐释了马克思主义的科学内涵、理论体系和精神实质的内在统一性，凸显了马克思主义基本原理和科学精神的历史发展及时代意义，具有说服力、穿透力。

四是客观性。本套丛书注重以客观公正的态度呈现马克思主义的真实面貌。比如第一册《走进圣殿：马克思主义导引》，从历史和当代双重视野如实展现了马克思主义的世界观、方法论及核心观点，感悟其科学性、学术性、实践性和真理性的魅力；第二册《立足整体：准确把握马克思主义理论体系》，从主体、客体与实践“三者一体”的整体性视阈客观呈现马克思主义理论体系；第三册《打开密钥：人类社会发展规律》，以马克思主义经典作家的相关论述为依据，阐释了唯物史观的基本内容及其对正确认识人类社会发展历程的指导作用；第四册《拨开迷雾：正确认识资本主义》，以马克思主义基本原理为指导，全景式呈现资本主义的确立过程、运行逻辑、制度本质及观念属性，为正确认识资本主义提供科学指引；第五册《前路何方：当代资本主义的发展》，用大量事实和数据揭示了当代金融资本主义的面目特征，引思当代资本主义的未来趋势；第六册《继往开来：科学社会主义》，在回首百余年科学社会主义的理论与实践，展望世界社会主义运动的光明前景中，客观阐释科学社会主义的基本内涵、理论体系和精神实质。

五是全面性。以生动翔实的文献资料展开论述，说理透彻，行文流畅，兼具学术性与通俗性，可供理论工作者和广大党员干部学习与研究马克思主义参考使用，对大众正确理解当代现实问题也具有引领作用。

因此，本套丛书作为一套兼具学术性和通俗性的大众化读物，力图找准将马克思主义基本原理转化为实践力量的切入点、结合点和着力点，用简明、朴实的话语，通俗、易懂的方式推动马克思主义大众化，既适合普通民众较为轻松地学习、理解和掌握马克思主义基本原理及其世界观和方法论，又可以满足高校师生等学界人士深入理解马克思主义的理论体系及其当代价值的需要。

希冀本套丛书的出版能够助益社会民众和学界人士对马克思主义基本原理的了解和把握，促进马克思主义在当代中国的传播和普及，从而不断推动“两个结合”走向深入！

辛向阳

2023年11月

目　录

第一章

唯物史观的创立

——马克思恩格斯对人类社会发展规律的探索

茫茫宇宙，浩瀚无边，地球只不过是其中的一颗沙粒般微不足道的行星。人类居住在这颗星球上已经有几百万年的历史，起源于森林古猿，经历了猿人类、原始人类、智人类，最终进化为现代人类，并创造了辉煌的人类文明。如果从两河流域古巴比伦文明算起，人类文明距今不过6000—7000年，然而就在这几千年时间里，人类文明经历了天翻地覆的变化，其间既有王朝兴衰更替，民族分化融合，更有经济社会的巨大发展进步。人们每每回顾自己的历史，都不胜感慨，同时也不胜惊奇和困惑，人类文明是如何产生的？人类社会为什么不停地变化发展？这些变化有规律可循吗？从很早时候起，人类就开始思考这些问题，并试图给出自己的答案。对这些问题的不同回答，就形成关于人类社会发展规律的不同观点。只有马克思主义，从社会生产力的角度，科学解释了人类社会的组织结构及其变化发展的历史过程，并准确预测了人类社会的发展趋势，成为解开人类社会发展规律的密钥。

一、谁主沉浮：马克思主义之前的错误历史观

马克思主义诞生以前，各种思想对人类历史的解释五花八门，但它们都忽视了生产力的决定作用，忽视了生产关系在社会关系中的核心地位，无视人民群众创造历史的作用，因而它们对社会历史发展的解释总体而言是不科学的。这些解释具体内容各不相同，其中影响比较大的主要有三种：一是非决定论的历史观，二是机械决定论的天命史观，三是英雄史观。

（一）非决定论的历史观夸大了偶然性的作用

非决定论的历史观认为，人类社会的变化发展没有因果联系，充满了偶然性和不确定性，毫无规律可言，因而是不可预测的。古人说的“世事无常”“白云苍狗”，表达的就是这种观点，这是一种虚无主义的历史观。按照这种历史观，社会的兴衰，个人的成败，都是由某些偶然因素决定的。它是一种消极悲观的人生态度，主张随遇而安，放弃个人努力奋斗。在人类历史上，每当社会出现动荡混乱或经济衰退时，这种观点就会以各种面目出现。

《淮南子》里面有一个人们比较熟悉的“塞翁失马”的故事，表达的就是这种观点。故事说，靠近边塞的地方住着一位老翁，他懂得术数，能够推测吉凶。有一天，他家的马不幸跑到了胡人

居住的地方，估计回不来了，这可是巨大的财产损失。于是邻居们都来安慰他。老翁却一点儿也不难过，全然不当回事，他说："谁知道这不是一种福气呢？"没想到过了几个月，那匹马不但自己跑回来了，还带着一匹胡人的良马一起回来了。这可是天大的惊喜，于是邻居们都前来祝贺。没想到老翁却淡然地说："谁能说这不是一场灾祸呢？"邻居们愕然。过了几天，邻居的儿子骑马从马背上摔下来，大腿摔断了。邻居们纷纷前来慰问，老翁却丝毫不悲伤，十分平静地说："谁说这不是一种好运气呢？"邻居们面面相觑。过了一年，胡人大举入侵，青壮年男子都去参军与胡人作战，绝大部分都战死沙场。老翁的儿子因为腿瘸不用参军而幸免于难。

虽然这个故事包含着祸福相依的朴素辩证法的因素，但本质上它反映的是一种人生无常、命运不可捉摸的非决定论观点。非决定论过分突出了在自然面前人无法自主命运的无力感，完全否定社会发展存在规律性，片面夸大了偶然因素的作用，从而滑向虚无主义和不可知论，本质上是一种唯心主义的历史观。

（二）天命史观完全否认人的主观能动性

天命史观是一种宿命论。这种观点认为，人类历史的变化是由某种超自然的力量提前安排好的，是人类无法摆脱或改变的。很多人一旦遇到不如意的事，经常会叹口气说“命中注定”，就是这种观点的一种表现。人类社会早期，由于对外部自然界缺乏科学认识，人们把风雨雷电等很多自然现象都归因于超自然的神的活动，进一步地把人类社会的兴衰变迁和个人的事业沉浮都归结为神的安排。人类早期的神话传说、宗教的神学历史观都属于天命史观。

《初刻拍案惊奇》里有一个《华阴道独逢异客　江陵郡三拆仙书》的故事，非常典型地体现了天命史观的思想。故事说唐朝的时候有个江陵副使李君，他少年时从洛阳赴长安参加科举考试，路经华阴道在一家客店住宿。在店中他遇到一个白衣人，虽然浑身布素，却是骨秀神清，仪表出众。李君感觉此人不凡，就与他结拜为兄弟。白衣人告别时，写了三封信给李君，告诉他遇到急难事情时可依次拆开，里面有解救之计。李君到长安后，连考了五六次，都没有中举，钱也花光了，到了进退无据的地步。他想起白衣人的话，于是拆开第一封信，上面就一句话：可青龙寺门前坐。第二天李君依计来到青龙寺门口，枯坐一天，无人搭理。眼看天黑下来，正不知如何是好，寺中主僧发现了他，把他接进庙中。一交谈，主僧得知李君原来是自己早年好朋友的儿子。李君父亲前些年到长安活动升迁，寄居在寺中，不幸因病而亡，留下两千贯钱财。李君得到这笔救命的钱财，一边在长安娶妻生子，一遍不停应举。

怎奈命运乖蹇，李君连考十次都未中举。眼看年龄老大不小，事业一无所成，又到了彷徨无路的地步。李君想起来白衣人的信，于是打开第二封，里面依然是一句话：可西市鞦辔行头坐。于是他来到西市，进一家酒店沽酒独酌。忽然他听见旁边有两人悄悄商量花钱请托科举的事，赶紧上前询问。原来是某个主管科举的官员偷偷收钱替举子办事，李君闻言大喜，立马答应出钱，于是李君下次应举，顺利及第。

几年后，李君仕途顺利，官至江陵副使。突然有一天他心痛不止，连续几次昏迷，又到了紧急关头。李君让妻子打开第三封信，里面还是一句话：可处置家事。李君一看，知道自己到了生命的尽头，于是安排好家事，安然而终。

这个故事宣扬的就是天命史观，它认为人世间的一切兴衰成败都是冥冥之中的超自然的力量的安排，人类对自己的命运是无能为力的。用老百姓的话来说，就是一切都是命中注定的，“命里有时终须有，命里无时莫强求”，想通过个人奋斗逆天改命是不可能的。

西方文化中也有类似的思想。古希腊著名悲剧作家索福克勒斯创作的《俄狄浦斯王》讲的也是这样的故事。俄狄浦斯是希腊神话中忒拜国王拉伊俄斯和王后伊俄卡斯特的儿子。他的父亲拉伊俄斯幼年丧父，投奔了珀罗普斯，成为珀罗普斯的儿子克律西波斯的家庭教师。可是拉伊俄斯爱恋上了美少年克律西波斯，将其诱拐并导致其死亡。珀罗普斯为了报仇，就对拉伊俄斯施了诅咒，预言他将来会被自己的儿子杀死。

后来拉伊俄斯当上了忒拜国王，与伊俄卡斯特结婚，生下一个儿子。他想起珀罗普斯的诅咒，就命人把孩子丢弃到荒山中。然而不幸的或曰幸运的是，孩子被牧羊人救起，并起名为俄狄浦斯。俄狄浦斯后来成为科林斯国王波吕玻斯和王后墨洛柏的养子，并被定为王位继承人。

俄狄浦斯长大后，因德尔斐神殿的神谕说他会弑父娶母，不知真相的俄狄浦斯为避免神谕成真，便离开科林斯并发誓永不再回来。在去往忒拜城的路上，俄狄浦斯与拉伊俄斯相遇并发生争斗，俄狄浦斯盛怒之下杀死了拉伊俄斯。后来由于他破解了斯芬克斯的谜语，拯救了忒拜城，俄狄浦斯被忒拜城的民众推举为国王，并按照习俗与王后伊俄卡斯特成婚。由于俄狄浦斯在不知不觉间犯下了弑父娶母的大罪，瘟疫和饥荒降临到了忒拜城。俄狄浦斯向神祇请示灾荒的原因，才知道自己是拉伊俄斯的儿子，伊俄卡斯特是自己的亲生母亲。他终究应验了弑父娶母的不幸命运。得知真相的伊俄卡斯特上吊自杀；俄狄浦斯无法接受自己的眼睛竟然看到这样一幅悲惨景象，用胸针刺瞎了自己的双眼。

我们在惊叹古希腊悲剧复杂曲折的情节和宏大精妙的构思的同时，也不难发现渗透于其中的宿命论思想。

在古代，天命史观主张劳动人民要接受命运的安排，安于现状，消极无为，放弃对统治阶级剥削和压迫的反抗，对于统治者维护其统治秩序是有帮助的，因而它是一种保守的、反动的世界观和历史观。

（三）英雄史观过分夸大了杰出人物的作用

英雄史观把社会历史的变化发展归因于某些英雄人物的行为或主张，它认为少数杰出人物是历史的创造者或主宰，完全否认人民群众在历史发展中的决定作用。在人类历史上，英雄史观和天命史观一样，不仅长期占据思想统治地位，而且二者常常交织在一起。

在古代中国，帝王将相常常被刻画为具有超乎常人的能力、甚至在一定程度上具有神性的人物，他们代表着天意，决定着朝代的兴替和百姓的苦乐。因此，过去的史书记载的主要是帝王将相的历史，人民群众则完全被无视。就连《史记》这样伟大的历史著作，在记载一些帝王的事迹时，也把历史事实和神话混杂在一起，以显示他们非凡的出身。

据《史记》记载，刘邦母亲有一次在湖岸边休息时睡着了，做梦梦到与神交配，刘邦父亲去寻找妻子，发现一条蛟龙伏在她身上，结果刘邦母亲怀孕生下了刘邦。秦始皇发现“东南有天子气”，于是亲自到东南地区巡游，以镇压之。刘邦感到不安，就隐藏在芒砀山中，他夫人吕后每次都能找到他。刘邦感到很奇怪，就问吕后，吕后说他所居住的地方之上常常有云气。刘邦听了很高兴，抱负也大起来，而跟从他的人对他也越来越敬畏。当然，刘邦也确实有统御将帅的高超能力，最终他打败了项羽，建立了汉王朝。

刘邦曾自我评价说：“夫运筹策帷帐之中，决胜于千里之外，吾不如子房。镇国家，抚百姓，给馈饷，不绝粮道，吾不如萧何。连百万之军，战必胜，攻必取，吾不如韩信。此三者，皆人杰也，吾能用之，此吾所以取天下也。项羽有一范增而不能用，此其所以为我擒也。”[①]

毫无疑问，刘邦作为中国历史上杰出的政治家和军事家，为汉民族的发展，以及中国的统一和强大作出了突出贡献。但如果过分夸大刘邦个人的功绩，完全从他个人的性格、能力和意志出发来理解汉帝国的建立，就走向了唯心主义的英雄史观。

在西方，英雄史观也有悠久的传统。近代以来，最有影响

---

① 《史记·高祖本纪第八》，北京：中华书局2011年版，第321—322页。

的是英国历史学家托马斯·卡莱尔。他说："世界历史就是人类在这个世界上所取得的种种成就的历史，实质上也就是在世界上活动的伟人的历史。他们是民众的领袖，而且是伟大的领袖，凡是一切普通人殚精竭虑要做或想要得到的一切事物都由他们去规范和塑造，从广义上说，他们也就是创造者。我们所见到的世界上存在的一切成就，本是来到世上的伟人的内在思想转化为外部物质的结果，也是他们思想的实际体现和具体化。可以恰当地认为，整个世界历史的精华，就是伟人的历史。"①

卡莱尔在1840年的六次演讲以《论英雄、英雄崇拜和历史上的英雄业绩》为书名结集出版，其中讲述了神明英雄（奥丁）、先知英雄（穆罕默德）、诗人英雄（但丁、莎士比亚）、教士英雄（路德、诺克斯）、文人英雄（约翰逊、彭斯、卢梭）、帝王英雄（克伦威尔、拿破仑）等六种不同类型共11位英雄人物。

例如，他论述帝王英雄时说道："一个国家中能发现最有才能的人，把他提到至上的地位，忠诚地崇敬他：这个国家就有了完美的政府，什么投票箱、议会辩论、选举、制定宪法以及其他机制都不能对它有所超越。它就处于完善的境界，是一个理想的国家。最有才能的人也意味着心地最真诚、最公正、最高尚的

① ［英］托马斯·卡莱尔：《论英雄、英雄崇拜和历史上的英雄业绩》，周祖达译，北京：商务印书馆2005年版，第1页。

人。他教导人们做的，是最明智、最恰当的，人们在任何地方、任何情况下都应记取的；——人们应该以非常忠诚感激之情毫不犹豫地照办！这样，就政府的调节作用范围来说，人们的事业和生活，就能安居乐业，这就是政府体制的理想。”[①]显然，在卡莱尔看来，一个政府的全部意义就在找到一个有才能的帝王并把所有权力交给他。这是英雄史观的直接写照。

不可否认，杰出人物确实对历史发展作出重大贡献，但把这种贡献无限夸大，进而认为杰出人物“一言可以兴邦，一言可以丧邦”，则歪曲了历史的本质，走向历史唯心主义。

（四）唯物史观是对旧历史观的批判和超越

马克思和恩格斯在创立唯物主义历史观的过程中，对基督教的宗教蒙昧主义思想进行了深入批判。基督教宣扬上帝创造世界和人、人天生具有“原罪”、末日审判等宗教唯心主义观点，它把上帝看作人类的主宰，宣称人类只有信仰上帝才能获得救赎。所以它在历史观上属于天命史观。

马克思指出，宗教颠倒了神和人的关系，宗教是人的本质的异化，也就是说，宗教本来是人的创造物，现在却反过来统治

① ［英］托马斯·卡莱尔：《论英雄、英雄崇拜和历史上的英雄业绩》，周祖达译，北京：商务印书馆2005年版，第221页。

人，人成为自己创造物的奴隶。马克思指出：“人创造了宗教，而不是宗教创造人。就是说，宗教是还没有获得自身或已经再度丧失自身的人的自我意识和自我感觉。但是，人不是抽象的蛰居于世界之外的存在物。人就是人的世界，就是国家，社会。这个国家、这个社会产生了宗教，一种颠倒的世界意识，因为它们就是颠倒的世界。”①

在马克思看来，人类要获得解放和自由，首先就要把宗教颠倒了的世界重新颠倒过来，恢复人的地位和尊严。通过对宗教的揭露和批判，马克思把目光聚焦于现实世界的人，也就是在特定的社会环境中生活的不同阶级，通过对阶级关系产生的根源及其变化发展过程的深入研究，马克思最终发现了人类社会变化发展的客观规律。

马克思批判了英雄史观。英雄史观在黑格尔哲学中就隐约存在。黑格尔虽然把历史看作世界精神的发展过程，是一种客观唯心主义思想，但他又把英雄人物看作世界精神的代理人，例如他把拿破仑称作“马背上的世界精神”，这样就又具有主观唯心主义的成分，具有英雄史观的性质。

继黑格尔之后，青年黑格尔派继续宣扬英雄史观。青年黑格

① 《马克思恩格斯文集》第一卷，北京：人民出版社2009年版，第3页。

尔派的代表人物布鲁诺·鲍威尔宣称哲学批判是改造世界的根本动力，批判就是绝对精神，而他自己就是批判。鲍威尔的观点显然夸大了思想和观念的力量。鲍威尔主张，改造社会的事业是少数杰出人物的大脑活动，只要少数杰出人物提出了更高的思想，历史马上就会改观。鲍威尔还极力贬低人民群众，认为人民群众是社会进步的障碍。他说："到现在为止，历史上的一切伟大的活动之所以一开始就是不合时宜的和没有取得富有影响的成效，正是因为群众对这些活动表示关注和怀有热情。"[①]

针对鲍威尔的唯心主义历史观，马克思针锋相对地指出，任何社会运动，只有当它顺应人民群众的利益和要求，才有可能成功。论述法国大革命时，他指出："如果说这场革命是不合时宜的，那么，并不是因为群众对革命'怀有热情'和表示'关注'，而是因为人数众多的、与资产阶级不同的那部分群众认为，在革命的原则中并没有体现他们的现实利益，并没有体现他们自己的革命原则，而仅仅包含一种'思想'，也就是仅仅包含一个激起暂时热情和掀起表面风潮的对象罢了。"[②]马克思进一步指出："历史活动是群众的活动，随着历史活动的深入，必将是

① 《马克思恩格斯文集》第一卷，北京：人民出版社2009年版，第286页。
② 《马克思恩格斯文集》第一卷，北京：人民出版社2009年版，第287页。

群众队伍的扩大。”[①]这样，马克思通过肯定人民群众的历史主体作用而彻底否定了鲍威尔的英雄史观。

通过批判错误的历史观，马克思和恩格斯逐步接近人类历史发展的真相，为解开历史发展的“斯芬克斯之谜”创造了条件。

二、思想奠基：马克思和恩格斯的早年探索

“斯芬克斯之谜”源自希腊悲剧《俄狄浦斯王》，天后赫拉为了惩治拉伊俄斯对克律西波斯所犯下的罪行，把狮身人面的女妖斯芬克斯送到了忒拜城，斯芬克斯要求过路人猜一个谜语：“什么东西早晨用四条腿走路，中午用两条腿走路，晚上用三条腿走路？”过路人如果猜不出来，就会被斯芬克斯吃掉。由于无人能猜出谜底，不断有人被斯芬克斯吃掉，忒拜城陷入恐慌之中。终于，俄狄浦斯到达忒拜城，并猜中谜底是人：因为人类童年时期手脚并用爬行，长大后用两条腿走路，进入老年后拄着拐杖，像三条腿走路。谜语被猜中后，斯芬克斯就从悬崖上跳下去摔死了。

人类社会发展规律也像“斯芬克斯之谜”一样难以破解，它困扰了人类几千年。直到马克思和恩格斯创立历史唯物主义，这

① 《马克思恩格斯文集》第一卷，北京：人民出版社2009年版，第287页。

个关于人类历史的“斯芬克斯之谜”才有了科学的答案。

马克思和恩格斯之所以能够破解历史的“斯芬克斯之谜”，既与他们个人的品格、学识和立场有关，也与他们所处的时代条件有关。

就马克思和恩格斯的个人条件看，他们二人虽然家庭背景不同，生活经历不同，但二人青少年时期都接受了良好的文化教育，具有强烈的正义感，树立了远大的理想。

（一）马克思的早年探索

1818年5月5日，卡尔·马克思出生于普鲁士莱茵省特里尔市的一个犹太人家庭。他的父亲亨利希·马克思是一名律师，曾担任特里尔市律师协会的主席。特里尔市在拿破仑统治时期曾被划归法国，按照拿破仑法律进行管理，因而深受启蒙思想和法国大革命自由主义和民主主义思潮的影响。亨利希·马克思经常参加莱茵地区自由主义运动的一些活动，思想上具有明显的自由主义倾向，他还给少年马克思读启蒙思想家的著作。马克思对父亲也非常热爱和敬仰。从马克思后来的思想发展可以看出，父亲的教诲对少年马克思产生了深刻影响。

另一位对少年马克思产生重要影响的是他未来的岳父路德维希·冯·威斯特华伦男爵，他曾担任特里尔市的枢密顾问官，是亨利希·马克思的朋友和邻居，他的女儿燕妮·威斯特华伦后来成为马克思的妻子。马克思的三女儿爱琳娜·马克思写道："卡尔·马克思从他们（指燕妮和弟弟埃德加，他们是马克思青少年时的友伴——引者注）的父亲冯·威斯特华伦男爵（他有一半苏格兰血统）那里，受到熏陶，很早就热爱'浪漫派'；当他的父亲给他念伏尔泰和拉辛的著作时，威斯特华伦却给他念荷马和莎士比亚。这些都一直是他最喜欢的作家。"①威斯特华伦男爵对圣西门的空想社会主义思想很感兴趣，在和少年马克思谈话时他要后者关注圣西门的人格和事业。显然，父亲和威斯特华伦男爵在思想观念上的引导对马克思的思想发展产生了潜移默化的影响。

1830年，马克思进入特里尔的弗里德里希·威廉中学学习。这是一所坚持启蒙理性和自由主义原则的学校，有一批具有民主思想的优秀教师。在六年的中学生涯中，马克思接受了全面的自然科学和社会科学教育。受校长维滕巴赫等自由主义学者的影响，马克思在思想观念上表现出明显的启蒙理性和人道主义色彩。

在中学毕业考试德文作文《青年在选择职业时的考虑》中，马

① ［英］爱琳娜·马克思：《我的父亲》，载中共中央编译局编：《回忆马克思》，北京：人民出版社2005年版，第218页。

克思提出，尽管人可以自由选择自己的职业，这一点是人比动物优越的地方，但是他不可能随心所欲地任意挑选，他所处的社会环境以及他自身的能力对他的选择做出了限制。马克思主张，在选择职业时，应该遵循的主要指针是人类的幸福和我们自身的完美。尽管当时德国的教育体系中与宗教相关的课程占据着重要地位，学校生活也充满浓厚的宗教气息，但马克思并没有把人生目标与宗教和上帝挂钩，而是主张选择“为人类而工作的职业”。

可以看出，马克思在青少年时期就跳出了个人利益的狭隘圈子，树立了为人类服务的崇高理想，这为他一生的事业奠定了坚实的基础。

1835年中学毕业后，按照父亲的意愿，马克思进入波恩大学学习法律。马克思从小就表现出超乎常人的聪明才智，父亲对他寄予很高的期望，希望他将来能子承父业，继续从事法律工作，在事业上出人头地，过上富足体面的上等人生活。然而，马克思从中学时代起就超越了对于个人的功名利禄的追求，站在全人类的高度，确立了为人类的幸福而奋斗的远大目标。马克思在大学里学习十分刻苦，经常通宵达旦地读书，因为哲学力图解答关于世界和人类的最根本的问题，他渐渐地喜欢上了哲学。

1836年10月，马克思转入柏林大学继续学习法律。在这里，马克思第一次接触到黑格尔哲学，他阅读了黑格尔及其学生的大部分著作，参加了青年黑格尔派的团体“博士俱乐部”，并很快就融入“博士俱乐部”的思想圈子中。

黑格尔是德国古典哲学的集大成者，他创立了一个较为完整的唯心主义哲学体系。黑格尔去世后，黑格尔学派分裂成老年黑格尔派和青年黑格尔派两派。老年黑格尔派属于黑格尔右派，观念正统，思想保守。他们维护黑格尔的哲学体系，拥护基督教和普鲁士国家。青年黑格尔派则思想观念比较激进，他们坚持黑格尔的辩证法，对基督教和普鲁士封建国家持批判态度，在政治上主张资产阶级民主主义。

马克思深受青年黑格尔派的主要代表人物布鲁诺·鲍威尔的影响，深深沉迷于哲学研究之中，并放弃了做律师的计划，准备成为一名大学哲学教师。从1840年下半年起，马克思开始撰写题为《德谟克利特的自然哲学和伊壁鸠鲁的自然哲学的差别》的博士论文，到1841年3月底论文写作完毕。1841年4月，马克思以这篇论文获得耶拿大学哲学博士学位。

马克思写作博士论文时，他的思想发展才刚刚起步，尽管如此，该博士论文已经蕴含着马克思主义的思想种子。他对辩证法的推崇、对实践在改造世界中的作用的强调以及他的无神论立场为他从唯心主义转向唯物主义，进而发现人类社会发展规律创造了条件。

马克思大学毕业时，普鲁士的政治形势发生了很大的变化。新继位的普鲁士国王弗里德里希·威廉四世政治上转向保守反动，马克思的朋友布鲁诺·鲍威尔被波恩大学辞退，马克思到大学任教的希望落空了。

正在此时，科隆的工商业主和法律人士创办了一份反映资产阶级利益和诉求的报纸，取名为《莱茵报》。马克思从1842年4月起开始《莱茵报》撰写稿件，并于1842年10月到1843年3月担任《莱茵报》编辑。

《莱茵报》时期是马克思思想发展的一个关键时期。马克思在分析和评论现实问题过程中发现黑格尔关于国家的学说与现实世界存在巨大矛盾。黑格尔认为国家是全体人民的代表，是公平、正义的化身，国家法律制度决定着社会状况和人们的社会关系，马克思却发现，现实中的国家是受有产阶级支配的，它维护的是有产阶级的利益。黑格尔颠倒了国家政治与社会经济的关系。

通过批判黑格尔的法哲学和国家学说，马克思逐步摆脱黑格尔唯心主义哲学，开始向唯物主义转变，从而开启了他破解历史的“斯芬克斯之谜”、发现人类社会发展规律的探索道路。

（二）恩格斯的早年探索

弗里德里希·恩格斯于1820年11月28日出生于普鲁士莱茵

省的巴门市。父亲是一个纺织厂主，在政治和宗教上比较保守。母亲出生于知识分子家庭，喜爱文艺，对恩格斯影响很大。恩格斯的外祖父是个语言学家，给少年恩格斯讲过许多古希腊神话和德国民间故事中的英雄人物，培养了恩格斯追求真理和正义、反对因循守旧和盲从流俗的独立精神。

14岁前恩格斯在巴门市立学校念书，在那里学习了丰富的物理和化学基础知识，并在语言方面表现出很高的天赋。1834年10月，恩格斯进入埃尔伯费尔德一所隶属于宗教改革协会的中学，后来转到一所寄宿中学学习。中学时代的恩格斯对历史、古代语言和德国古典文学有着浓厚的兴趣，数学和物理成绩也很优异。他兴趣广泛，热衷于诗歌和故事写作，还喜爱作曲和绘画。在现在保存下来的恩格斯16岁时写作的一篇未全部完成的作品《海盗的故事》中，恩格斯对希腊人民争取独立斗争的英勇行为给予了热情歌颂，反映了青年时期他追求自由和正义的精神品格。

1837年，恩格斯中学还未毕业就在父亲的命令下被迫离开学校，到父亲的营业所当学徒。1838年到不莱梅一家营业所工作。在不莱梅期间，恩格斯大量阅读文艺作品、哲学、历史著作和各种进步书刊，广泛接触社会现实，并与激进的文学团体“青年德意志”建立了联系。“青年德意志”利用文艺作品在德国宣扬资产阶级自由、平等、民主等新观念，这些具有资产阶级革命民主主义的思想对恩格斯产生了重大影响。他赞扬“青年德意志”的主要作家路德维希·白尔尼是个为自由和权利而斗争的伟大战士。受“青年德意志”的影响，恩格斯逐步形成了反封建专制的革命民主主义思想观念，他把遭书报检察机关查禁的政治书籍寄给朋友，鼓励他们大胆阅读，独立思考，从中可以看出恩格斯鲜明的反对封建专制统治，追求民主自由的进步立场。

从1839年起，恩格斯开始为“青年德意志”的刊物《德意志电讯》撰稿。《伍珀河谷来信》是恩格斯匿名发表于该杂志的一篇政论文章。在文章中，恩格斯揭露了伍珀河谷地区工人阶级惊人的贫困状况：“下层等级，特别是伍珀河谷的工厂工人，普遍处于可怕的贫困境地；梅毒和肺部疾病蔓延到难以置信的地步；光是埃尔伯费尔德一个地方，2500个学龄儿童中就有1200人失学，他们在工厂里长大，——这只是便于厂主雇用童工而不再拿双倍的钱来雇用被童工代替的成年工人。”[①]与工人阶级的极度贫困和颓废形成鲜明对比的，是厂主们的富裕、冷漠和虚伪，“但是大腹便便的厂主们是满不在乎的，因为虔诚派教徒的灵魂不致因为使一个儿童变坏堕落就下地狱，特别是这个灵魂如果每

① 《马克思恩格斯全集》第二卷，北京：人民出版社2005年版，第44页。

个礼拜日到教堂去上两次，那就更心安理得了"[①]。

恩格斯从自己耳闻目睹的现实中已经模糊地意识到资本主义制度给社会造成严重的贫富分化，给工人阶级带来了灾难性的贫困和绝望，并对工人的悲惨遭遇给予深切同情。

1841年9月，恩格斯来到柏林服兵役。为了学习黑格尔哲学，恩格斯以旁听生的身份到柏林大学听哲学课。由于在宗教和政治等问题上与青年黑格尔派观点一致，他与青年黑格尔派建立了联系，经常参加以布鲁诺·鲍威尔和埃德加尔·鲍威尔兄弟为首的柏林"自由人"小组的活动，积极参与当时的思想斗争。

在柏林期间，恩格斯已经通过青年黑格尔派成员了解到《莱茵报》和马克思，他对马克思的学识十分佩服。他与埃德加尔·鲍威尔合写了一首长诗，在诗中对还未谋面的马克思进行了生动的描绘，称马克思为"面色黝黑的特里尔之子"[②]。

恩格斯还给《莱茵报》撰写了一系列时评文章。在这些文章中，恩格斯主张不同的自由主义联合起来反对封建势力；他要求人们重视理性和科学，学习法国的经验；他坚决维护言论出版自由；抨击普鲁士国王鼓吹基督教德意志国家，企图在德国建立中世纪式的封建专制君主国家的倒行逆施，表达了鲜明的革命民主

① 《马克思恩格斯全集》第二卷，北京：人民出版社2005年版，第44—45页。

② 《马克思恩格斯全集》第二卷，北京：人民出版社2005年版，第505页。

主义立场。从中我们可以看到，恩格斯的思想与马克思非常接近。这奠定了二人志同道合和终身友谊的基础。

从马克思和恩格斯早年的经历我们可以看到，他们二人之所以能够创立唯物史观，破解历史的“斯芬克斯之谜”，绝不是偶然的。他们青少年时期就摈弃了追求个人功名利禄和荣华富贵的目标，选择了一条为全人类的幸福而奋斗的人生道路；他们都勤于阅读和思考，敢于探索和挑战人类生存和发展最根本的问题，因而都转向黑格尔哲学。通过对黑格尔哲学的吸收、批判和超越，他们转向社会现实，在研究人类物质生产活动过程中发现了人类社会发展的一般规律。

三、破解历史的“斯芬克斯之谜”：创立唯物主义历史观

1842年下半年，马克思和恩格斯分别从不同的道路开始了对现实社会的研究和批判，他们得出了几乎完全相同的结论。1844年8月，二人在巴黎相聚，共同的理想和共同的见解使他们迅速走到一起，在短短两年的时间里，完成了创立唯物史观这一伟大工作，科学阐明人类社会的发展规律，从而解开了人类社会存在和发展的“斯芬克斯之谜”。

（一）马克思社会历史观的转变和突破

1859年，马克思在回顾自己创立唯物主义新历史观的过程时写道：

> 我学的专业本来是法律，但我只是把它排在哲学和历史之次当做辅助学科来研究。1842—1843年间，我作为《莱茵报》的编辑，第一次遇到要对所谓物质利益发表意见的难事。莱茵省议会关于林木盗窃和地产析分的讨论，当时的莱茵省总督冯·沙培尔先生就摩泽尔农民状况同《莱茵报》展开的官方论战，最后，关于自由贸易和保护关税的辩论，是促使我去研究经济问题的最初动因。另一方面，在善良的“前进”愿望大大超过实际知识的当时，在《莱茵报》上可以听到法国社会主义和共产主义的带着微弱哲学色彩的回声。我曾表示反对这种肤浅言论，但是同时在和奥格斯堡《总汇报》的一次争论中坦率承认，我以往的研究还不容许我对法兰西思潮的内容本身妄加评判。我倒非常乐意利用《莱茵报》发行人以为把报纸的态度放温和些就可以使那已经落在该报头上的死刑判决撤销的幻想，以便从社会舞台退回书房。
>
> 为了解决使我苦恼的疑问，我写的第一部著作是对黑

格尔法哲学的批判性的分析，这部著作的导言曾发表在1844年巴黎出版的《德法年鉴》上。我的研究得出这样一个结果：法的关系正像国家的形式一样，既不能从它们本身来理解，也不能从所谓人类精神的一般发展来理解，相反，它们根源于物质的生活关系，这种物质的生活关系的总和，黑格尔按照18世纪的英国人和法国人的先例，概括为“市民社会”，而对市民社会的解剖应该到政治经济学中去寻求。我在巴黎开始研究政治经济学，后来因基佐先生下令驱逐而移居布鲁塞尔，在那里继续进行研究。我所得到的，并且一经得到就用于指导我的研究工作的总的结果，可以简要地表述如下……[①]

马克思的这一段文字清楚地展示了马克思这一时期思想发展的逻辑。

1841年5月到7月，第六届莱茵省议会在杜塞尔多夫举行，贵族等级的代表提交了一个新的《林木盗窃法》，要求凡是擅自在贵族地主的森林中采摘野果或捡拾枯枝的行为一律以盗窃林木罪论处，触犯者不但要承担刑事责任，而且要赔偿林木所有者的

① 《马克思恩格斯文集》第二卷，北京：人民出版社2009年版，第588—591页。

经济损失。1842年秋，有消息说该法律即将颁布，这引起了民众的强烈关注。

马克思为此写作了《关于林木盗窃法的辩论》，为广大贫民的权利和利益辩护。他指出，贫民在贵族地主占有的森林捡拾枯枝是中世纪以来形成的一项习惯权利，是符合习惯法的，议会无权剥夺贫民的权利。

然而，法理上的正当性并没有使贫民保住他们的应有权利。《林木盗窃法》不仅规定对贫民私自到贵族地主占有的森林捡拾枯枝的行为以盗窃罪论处，要求贫民赔偿贵族地主的经济损失，并且规定其价值由前来告发的林木看守人根据当地现行价格确定，此外还要加上4倍、6倍甚至是8倍的罚款以及损失的特别补偿。

面对这样的现实，马克思一方面愤怒抨击贵族地主利用立法维护有产者狭隘的私人利益的无耻行为；另一方面，马克思也发现现实中的国家与自己一直信奉的黑格尔国家学说存在严重冲突。

黑格尔认为，国家是社会普遍利益的代表，是理性精神的体现。然而现实却表明，国家丝毫没有体现普遍利益，也没有表现出理性精神。事实上，它只是贵族和地主实现和维护自己私利的工具，国家已经成为贵族地主的私人财产。

严酷的现实使马克思第一次注意到财产（所有制）问题在社会生活中的极端重要性，他看到财产作为私人利益的集中体现在国家立法中的巨大影响。这使他强烈地感受到黑格尔理论在阐释现实问题时面临的困境，开始对黑格尔的国家学说产生怀疑。这一切促使马克思逐步离开黑格尔主义，从抽象的理性思辨转向对社会现实问题的严肃思考，从对政治法律问题的关注转向对现实经济问题的关注，并力图揭示隐藏在权利背后的社会关系。这成为马克思思想转变的起点。

恩格斯在去世前不久回忆道："我曾不止一次地听马克思说过，正是他对林木盗窃法和摩泽尔河沿岸地区农民状况的研究，推动他由纯政治转向经济关系，并从而走向社会主义。"①

马克思对普鲁士议会立法的严厉批评和对社会问题的揭露终于激怒了普鲁士当局，1843年1月，马克思被迫辞去《莱茵报》编辑的职务。1843年5月，马克思在特里尔附近的小镇克罗伊茨纳赫与燕妮·威斯特华伦举行了婚礼，二人在克罗伊茨纳赫一直居住到9月。

在克罗伊茨纳赫期间，马克思开始对黑格尔的国家学说进行系统地批判。

---

①《马克思恩格斯文集》第十卷，北京：人民出版社2009年版，第701页。

黑格尔把社会政治关系分为家庭、市民社会和国家三个环节，他认为家庭只体现家庭成员的个别利益，市民社会大体指私有制基础上由分工和交换联结在一起的经济活动体系，也就是资产阶级社会的物质关系，它体现的是不同社会阶层的特殊利益，只有国家超越了家庭和市民社会的局限性，作为全体公民的代表，体现的是所有公民的普遍利益。因此，国家是市民社会的前提，它规定和制约市民社会，也就是说国家决定市民社会。黑格尔夸大了国家意志和法律制度对社会经济的作用，是一种唯心主义国家观。

马克思指出，黑格尔的国家学说颠倒了国家与市民社会的真实关系。在马克思看来，家庭和市民社会既是国家存在的目的和服务对象，也是推动国家发展变化的动力源泉，也就是说，家庭和市民社会才是政治国家的基础和决定因素，市民社会的经济利益关系决定着国家法律的性质和内容。黑格尔把决定者看作被决定者，把被决定者看作决定者，是对现实关系的彻底颠倒。

马克思对黑格尔国家观的批判，基于在《莱茵报》工作期间对普鲁士国家和社会现实的深入了解，有着坚实的经验和事实基础。通过颠覆黑格尔的唯心主义国家观，马克思把关注的重点由国家转向市民社会，由政治转向经济，从而开启了社会历史观由唯心主义向唯物主义的转变之路，这为他创立唯物史观打下了坚实的基础。市民社会决定国家的观点是经济基础决定上层建筑这一历史唯物主义基本原理的初步表述。

1843年10月，马克思迁居到巴黎，和青年黑格尔派另一位代表人物阿尔诺德·卢格一起创办《德法年鉴》杂志。

到巴黎后，马克思一方面编辑《德法年鉴》，并亲自撰写稿件；另一方面积极参加宣传共产主义思想的法国工人组织的活动以及德国政治流亡者的秘密革命组织——正义者同盟的活动。在参加这些活动的过程中，马克思亲身感受到了组织起来的工人阶级的强大力量，“当法国的社会主义工人联合到一起时，就可以看出这种实际发展的最惊人的结果”①。

从工人身上，马克思看到了共产主义的希望和实现途径，开始热情地研究和宣传共产主义。马克思在发表于《德法年鉴》上的《论犹太人问题》和《〈黑格尔法哲学批判〉导言》两篇文章中，深入探讨了共产主义的本质及实现共产主义的具体途径。

在《论犹太人问题》中，马克思以犹太人的政治待遇问题为切入点，阐述了政治解放与人的全面解放的关系问题，阐明共产主义的本质是人的全面解放。他通过对市民社会与政治国家的矛盾的深刻剖析，阐明废除私有制是实现人的全面解放的前提，从

① ［英］戴维·麦克莱伦：《马克思传》，王珍译，北京：中国人民大学出版社2006年版，第92页。

而初步论证了共产主义的现实合理性。这是马克思对共产主义本质和实现途径的初次论述。

在《〈黑格尔法哲学批判〉导言》中，马克思进一步发展了《论犹太人问题》中提出的人的全面解放的思想，指出了人的全面解放的具体途径。他强调“批判的武器”不能代替“武器的批判”，必须通过革命实践，推翻德国封建制度，实现共产主义。马克思特别指出，承担这一历史使命的，是无产阶级。这样，马克思就为共产主义找到了阶级基础和现实依据，从而推动共产主义学说开始由空想向科学转变。

这两篇文章也标志着马克思完成了从唯心主义向唯物主义、从革命民主主义向共产主义的转变。“两个转变”具有十分重要的意义，它为唯物史观的创立奠定了思想基础。

在批判黑格尔国家学说的过程中，马克思初步认识到私有制是市民社会的基础，而所有制问题说到底是经济利益问题，因此要认清私有制的起源和本质，就得掌握政治经济学。

到巴黎后，马克思潜心研究政治经济学，他认真阅读古典政治经济学代表人物的主要著作，如亚当·斯密的《国富论》、大卫·李嘉图的《政治经济学及赋税原理》、让·巴·萨伊的《论政治经济学》、詹姆斯·穆勒的《政治经济学原理》，等等。在阅读的同时，马克思写下了大量的评论和笔记，记录了自己在这一时期的思想成果。这些笔记后来在苏联以《1844年经济学哲学手稿》（以下简称《手稿》）之名编辑出版。

在《手稿》中，马克思第一次深入资本主义生产过程的内部，研究了资本家、雇佣工人和地主这资本主义社会三大阶级之间的经济关系，并在此基础上深入探究了共产主义的本质。

马克思首先注意到一个表面看来十分荒谬和矛盾的现象：在资本主义社会里，一方面社会财富越来越庞大；另一方面，贫困问题越来越触目惊心。工人阶级作为财富的创造者，他们生产的越多，自己得到的就越少。为什么会出现这种现象呢？

马克思发现，问题的关键在于，工人的劳动不是为自己的劳动，而是为他人的劳动，因为他们的劳动产品归别人所有。对工人而言，劳动仅仅是他们的谋生手段。不仅如此，在资本主义条件下，工人的劳动活动也不属于他自己，而属于别人。劳动是在别人指挥和监督之下进行的，劳动不是工人自愿的选择，而是一种强制的活动。劳动过程不是工人体力和智力的自由发挥，而是肉体受折磨，精神遭摧残的过程。

马克思进一步追问，如果工人的劳动活动不属于工人自己，那么它到底属于谁呢？马克思指出，它只能属于那个站在生产过程之外，控制雇佣工人劳动活动并占有雇佣工人劳动成果的人，即资本家。资本家为什么能够占有工人的劳动活动和劳动成果呢？是因为资本家垄断地占有资本。

这样看来，资本主义生产实质上是资本家凭借对他人劳动成果的占有，控制和支配工人的劳动，并无偿占有更多的工人劳动成果。对资本家而言，占有财富的欲望是无止境的，所以生产越发展，资本家越要占有尽可能多的财富，工人也就越来越贫困。在资本家眼里，工人只不过是获取财富的工具。由此人们就不难理解，资本主义社会为什么会发生贫富对立和分化。

马克思深刻指出，资本主义贫富分化的根源在于资本的私人占有，也就是资本主义私有制。因此，要消除资本主义贫富分化的荒谬现象，就必须消灭资本主义私有制，建立共产主义公有制。

在《手稿》中，马克思不仅深入阐明用共产主义公有制取代资本主义私有制的必要性和合理性，而且第一次认识到生产方式和生产关系在社会关系中的决定作用。这表明他对人类社会发展规律的理解和认识进一步深化。

（二）恩格斯的思想转变和突破

在马克思思想不断发展的同时，恩格斯沿着另一条道路得出了与马克思几乎完全相同的结论。

1842年11月，恩格斯前往他父亲位于英国曼彻斯特的纱厂经商。来到英国之后，恩格斯亲身感受到资本主义工商业发展带来的巨大变化以及由此产生的各种社会问题，深刻感受到物质生产活动对社会经济政治的决定性作用。他也第一次见到了蓬勃发展的英国工人运动，并结识了宪章运动的领导人。恩格斯白天在营业所上班，晚上和星期天到工人区的贫民窟访问无产者，询问他们的生活和劳动情况。

恩格斯目睹了英国工人阶级的悲惨生活，同时他也注意到，随着资本主义的发展，工人阶级力量越来越壮大，工人阶级政党必然会登上政治舞台。他给《莱茵报》写了一系列通讯，介绍英国的经济政治状况以及工人阶级状况，也给英国的社会主义杂志撰写文章介绍欧洲大陆上共产主义运动的进展。他还对英国古典政治经济学的代表人物及其作品进行了认真研究。

和马克思一样，恩格斯也认识到，生产力的发展把无产阶级推上历史舞台，无产阶级只有通过暴力革命才能推翻资产阶级的统治，才能彻底改善自己的经济和社会地位。通过研究研究政治经济学，恩格斯深刻阐明周期性的经济危机是资本主义私有制的内在矛盾的必然结果，并在此基础上论证了资本主义条件下爆发无产阶级革命的必然性，和马克思一样，恩格斯也提出通过消灭资本主义私有制建立共产主义的主张。在英国期间，恩格斯的思想也完成了从唯心主义向唯物主义、从革命民主主义向共产主义的转变。

（三）马克思和恩格斯携手创立唯物史观

1844年8月底，恩格斯从曼彻斯特回德国，专门绕道巴黎与马克思会面。这是两人的第二次会面。

第一次会面发生在两年前。1842年11月，恩格斯去英国经商前路过科隆，专门到《莱茵报》编辑部拜访了马克思。马克思当时已经与以布鲁诺兄弟为首的柏林“自由人”小团体在思想上产生了很大的分歧，对这一小团体不着边际地鼓吹无神论和清谈共产主义，完全不顾及《莱茵报》面临的普鲁士政府的巨大压力的轻率狂妄举动十分反感，经常拒绝他们的投稿。而恩格斯在柏林时经常参加“自由人”的活动，所以马克思把恩格斯看成是鲍威尔兄弟的盟友，对恩格斯十分冷淡。第一次会面就这样不欢而散了。

第二次会面则完全不同。这一次恩格斯在马克思家里住了十天，这段时间二人就许多问题进行了深入交流，发现他们几乎在所有问题上立场都完全一致，从此二人结下了相伴终身的伟大友谊。恩格斯晚年回顾他和马克思早年的革命活动时写道：“当我1844年夏天在巴黎拜访马克思时，我们在一切理论领域都显出意见完全一致，从此就开始了我们共同的工作。”[①]

---

① 《马克思恩格斯文集》第四卷，北京：人民出版社2009年版，第232页。

经过短短几天的思想交流，二人深感有必要共同清算一下青年黑格尔派的错误思想，同时阐明自己的新观点和主张。于是他们决定合作撰写一部著作，这就是《神圣家族》。

《神圣家族》进一步分析了资本主义私有制的内在矛盾，并从资产阶级和无产阶级的对立和斗争中阐述了资本主义私有制灭亡的客观必然性，明确提出无产阶级是消灭资本主义私有制的现实力量。

在批判布鲁诺·鲍威尔轻视物质生产，把观念看作历史发展的决定力量的唯心主义观点时，马克思明确提出“粗糙的物质生产”才是“历史的诞生地”[①]，这表明他们已经认识到物质生产活动是人类社会的起点和基础。《神圣家族》初步阐述了唯物史观的一些重要思想和理论，在马克思主义发展史上具有重要地位。列宁对此书给予高度评价，认为“它奠定了革命唯物主义的社会主义的基础”[②]。

由于与卢格的政治分歧，以及普鲁士政府的打压，《德法年鉴》只出版了一期就被迫停刊了。从1844年夏天起，马克思开始参与《前进报》的编辑工作。该报是一份进步的德文报纸，在马克思的影响下开始具有共产主义性质，对普鲁士的反动制度展开

---

① 《马克思恩格斯文集》第一卷，北京：人民出版社2009年版，第350—351页。

② 《列宁专题文集：论马克思主义》，北京：人民出版社2009年版，第56页。

了猛烈的批判。《前进报》的举动激怒了普鲁士政府，普鲁士政府要求法国政府驱逐马克思及其他撰稿人。

1845年1月16日，法国政府借口《前进报》事件，命令马克思等人在24小时之内离开巴黎，并在最短的时间内离开法国。2月3日，马克思从被迫从巴黎迁到了比利时的布鲁塞尔。不久，恩格斯也从巴门移居至此。二人在积极开展革命活动的同时，继续从事理论研究。

从1845年下半年开始，二人共同撰写《德意志意识形态》这一巨著，在批判德国思想界各种错误思潮的同时，对自己基本成型的历史唯物主义新世界观进行了系统阐述。由于各种原因，该著作在马克思和恩格斯生前并未出版，直到1932年才在苏联首次公开出版。

在《德意志意识形态》中，马克思和恩格斯进一步发展了他们在《神圣家族》中提出的哲学思想，他们以宏大的历史视野，在人类的物质生产活动的基础上，分析了人类社会的结构及其演进，创建了研究人类社会和历史的全新理论——唯物史观，并以此为基础，科学地论证了共产主义取代资本主义的必然性，从而初步勾勒出马克思主义理论的基本框架。

首先，马克思和恩格斯明确提出物质资料的生产是人类社会存在和发展的基础。他们强调，全部人类历史的第一个前提是有生命的个人的存在。这种人不是抽象的存在，而是在特定的自然环境和社会条件下进行生产和生活的具体的人。他们指出："人们为了能够'创造历史'，必须能够生活。但是为了生活，首先就需要吃喝住穿以及其他一些东西。因此第一个历史活动就是生产满足这些需要的资料，即生产物质生活本身。"[①]这样，他们就把自己的社会历史观牢牢地建筑在唯物主义的基础之上。这也是他们与各种形式的唯心史观的根本区别。

其次，马克思和恩格斯通过考察分工与所有制的关系，初步阐明了生产力决定生产关系这一历史唯物主义基本原理。马克思和恩格斯指出，一个国家生产力水平，最明显地通过社会分工的程度表现出来，而分工的各个不同发展阶段，同时也就是所有制的各种不同形式。这就是说，所处的分工阶段的不同还决定个人在劳动资料、劳动工具和劳动产品方面的相互关系的不同。在马克思和恩格斯看来，分工的程度所反映出的生产力发展处于不同阶段，决定着生产者在劳动过程的物质利益关系，也就是生产关系。马克思根据所有制形式的不同把资本主义以前的人类社会分为部落所有制、古典古代的公社所有制和国家所有制、封建的或等级的所有制三种形式。这是马克思和恩格斯第一次对人类社会

---

① 《马克思恩格斯文集》第一卷，北京：人民出版社2009年版，第531页。

形态的划分。

再次，马克思和恩格斯通过阐明生产力与生产关系之间的辩证关系，初步揭示了人类社会形态更替发展的内在机制。一方面，生产力发展的水平和程度决定着生产关系的性质和状况，有什么样的生产力，就会有什么样的生产关系；另一方面，生产关系对生产力也会有反作用。当生产关系适合生产需要的时候，它是生产的必要条件，能促进生产的发展；当生产力发展到新的阶段，现有的生产关系已经不能适应生产力进一步发展的需要的时候，就会阻碍生产力的发展。这时候，能够满足生产力发展要求的新的生产关系就会逐步形成，并最终取代旧的生产关系。在马克思看来，社会形态更替实际上就是伴随着生产力的不断发展，新的生产关系取代旧的生产关系的过程。

最后，马克思和恩格斯在分析生产力与生产关系之间辩证互动的基础上，进一步研究了社会经济结构与社会政治结构和意识形态之间的相互联系。

马克思和恩格斯指明了国家和法对所有制的依赖关系，揭示了国家的阶级实质。他们指出，不同的社会分工形成不同的利益获取方式，从而形成具体的所有制结构。在所有制结构中处于不同地位的社会成员形成不同的利益集团，由此产生了阶级。阶级之间的利益差别和利益矛盾导致阶级斗争。占统治地位的阶级为了保护自己的特殊利益，以共同利益的名义建立国家，以维持现存利益格局，镇压被统治阶级的反抗。表面看来，国家采取的是共同体的形式，似乎代表了公共利益，但实际上国家不过是经济上占统治地位的阶级借以实现其利益的政治形式，是“虚幻的共同体”。

同样，法律也是反映统治阶级利益和愿望的政治上层建筑，而不是为了维护公共利益而存在的。在他们看来，在阶级社会里，国家政权表面上是全体社会成员共同利益的代表，相应的政治法律制度促进和保护的似乎是社会的整体利益，实际上这只是一个假象。无论是皇帝、国王，还是总统、首相，他们只是有产阶级的代表。没有有产阶级的支持，政权是无法维持的。政治领袖本身就是有产者，他们当然是现有利益格局的保护者。所以一个社会的经济状况怎么样，它的政治和思想状况也就怎么样。

马克思和恩格斯还指出，从起源上看，思想、观念、意识是人们的物质活动的产物，是人们在生产活动的交往过程中形成的。道德、宗教、哲学等社会意识形态同样是与物质前提相联系的物质生活过程的必然产物。他们明确提出，“意识在任何时候都只能是被意识到了的存在”，“不是意识决定生活，而是生活决定意识”[①]。这是他们首次对社会存在决定社会意识这一历史唯

---

①《马克思恩格斯文集》第一卷，北京：人民出版社2009年版，第525页。

物主义基本原理的明确表述，从而彻底划清了唯物史观与唯心史观的界限。

马克思和恩格斯进一步分析了意识形态的经济政治根源，指出它具有鲜明的阶级性。他们发现，在阶级社会，占统治地位的思想，是统治阶级的利益和意志在观念中的反映，即统治阶级的意识形态。他们强调："统治阶级的思想在每一时代都是占统治地位的思想。这就是说，一个阶级是社会上占统治地位的物质力量，同时也是社会上占统治地位的精神力量。支配着物质生产资料的阶级，同时也支配着精神生产资料，因此，那些没有精神生产资料的人的思想，一般地是隶属于这个阶级的。占统治地位的思想不过是占统治地位的物质关系在观念上的表现，不过是以思想的形式表现出来的占统治地位的物质关系；因而，这就是那些使某一个阶级成为统治阶级的关系在观念上的表现，因而这也就是这个阶级的统治的思想。"①

《德意志意识形态》最大的成就，就是第一次比较系统地阐述了唯物主义历史观的基本原理，初步确立了生产力——生产关系——上层建筑的历史唯物主义理论框架。马克思和恩格斯对自己创立的新历史观的核心思想作了简要概括："这种历史观就在

① 《马克思恩格斯文集》第一卷，北京：人民出版社2009年版，第550—551页。

于：从直接生活的物质生产出发阐述现实的生产过程，把同这种生产方式相联系的、它所产生的交往形式即各个不同阶段上的市民社会理解为整个历史的基础，从市民社会作为国家的活动描述市民社会，同时从市民社会出发阐明意识的所有各种不同的理论产物和形式，如宗教、哲学、道德等等，而且追溯它们产生的过程。”①这种新历史观与以往的唯心主义历史观最本质的区别就在于，它不是从观念出发来解释物质活动，而是从物质活动出发来解释观念。

《德意志意识形态》的写作，表明马克思和恩格斯已经初步破解了人类历史发展的“斯芬克斯之谜”。

四、《共产党宣言》：为人类指明从必然王国向自由王国飞跃的途径

在进行理论探索和创新的同时，马克思和恩格斯积极参加和引导工人阶级开展反对资本主义的革命运动。他们一方面运用唯物史观和科学社会主义理论指导工人阶级的革命活动，另一方面在革命实践中检验、发展和完善自己的理论。马克思和恩格斯在这一时期最重要的工作，是通过对正义者同盟的改造，建立了世界上第一个无产阶级政党——共产主义者同盟。

① 《马克思恩格斯文集》第一卷，北京：人民出版社2009年版，第544页。

（一）改组正义者同盟

正义者同盟的前身是流亡于法国的德国小资产阶级民主主义者于1834年在巴黎创立的流亡者同盟，这是一个具有密谋性质的政治组织。后来组织内部发生分裂，其中最激进的工人和手工业者于1836年组织成立了正义者同盟。正义者同盟的口号是“四海之内，人人皆兄弟”，它要求实行财产公有，以实现人人平等。

正义者同盟在自己的宣言中写道：“我们希望世界上的一切人都是自由的，希望无论什么人生活得都一样：不比别人好，也不比别人坏，希望大家共同承受社会的重负、苦难、欢乐、喜悦……为此目的，我们建立了自己的同盟。”①它的观点反映了当时德国无产阶级的半手工业性质，这一观点先是受到魏特林粗陋的平均共产主义的影响，后来又受‘真正的社会主义’和蒲鲁东小资产阶级社会主义的影响。正义者同盟企图用密谋的手段和发动少数人起义的办法实现在德国建立共产主义的目标，它是一个半宣传、半密谋性的组织。

19世纪30—40年代，西欧的工人运动发展到一个新阶段，工人阶级开始作为独立的政治力量登上历史舞台。1831年和1834

---

① ［苏］日梅霍夫编：《国际工会运动史教材》第一册，新兵译，北京：工人出版社1956年版，第64页。

年，法国里昂丝织工人两次发动起义，特别是在1834年的起义中，工人们提出的“建立民主共和国”的口号使这次起义具有十分鲜明的政治斗争的性质。

1836年，英国工人成立了“伦敦工人协会”，提出了以争取普选权为中心的“人民宪章”，并在全国开展了规模浩大的“人民宪章”请愿签名运动。宪章运动持续了12年之久。

1844年6月，德国西里西亚爆发了纺织工人起义，工人们不仅捣毁了工场和工场主的住宅，还销毁了账簿和货物仓库。工人们直接把斗争的矛头指向了资产阶级的剥削，这一起义反映出鲜明的无产阶级的阶级意识。

这三大工人运动虽然最终都失败了，但充分表明工人阶级开始由自发的斗争向有组织的自觉的斗争转变，这三大工人运动也是工人阶级从经济斗争转向政治斗争的开始。然而他们缺乏科学理论的指导，无法找到无产阶级革命的正确道路和方式，这也是三大工人运动失败的根本原因。

这使马克思和恩格斯认识到，他们的理论研究绝不能停留在纸面上，而必须和工人运动结合起来，解决工人运动的迫切需求，帮助工人深入理解无产阶级所进行的斗争的性质、目标以及具体途径。于是马克思和恩格斯积极参加工人运动，教育工人群众，和各种工人政治组织建立联系，争取把这些组织改造成为受科学共产主义理论指导的、革命的工人政党。

1846年初，马克思和恩格斯在布鲁塞尔建立了共产主义通讯委员会，接着在巴黎、伦敦、汉堡、莱比锡、西里西亚各地设立了支部。创立该委员会的目的是通过与各国工人团体、社会主义者的经常联系，团结先进工人，克服工人运动中的各种错误思潮和涣散状态，促使各国社会主义者在科学共产主义理论的基础上统一起来。共产主义通讯委员会成立时就确定的工作重点之一，是尽一切可能争取正义者同盟的盟员，在思想上和组织上对正义者同盟进行了改组。

马克思和恩格斯对魏特林、克利盖、格律恩、蒲鲁东等人的机会主义思想进行了批判，通过批判这些在工人中具有较大影响、较坏影响的小资产阶级错误思潮，极大地提升了正义者同盟的整体思想水平，马克思和恩格斯在同盟中的影响也越来越大。

1847年初，正义者同盟的主要成员约瑟夫·莫尔受同盟中央委员会的委托，先后前往布鲁塞尔和巴黎，分别邀请马克思和恩格斯加入同盟。莫尔代表同盟向马克思和恩格斯表示，同盟中央委员会的领导认识到马克思和恩格斯理论的正确性，并决心使同盟摆脱陈旧的密谋性的传统和形式。莫尔承诺，如果马克思和恩格斯愿意加入正义者同盟，他们将有可能在同盟代表大会上以宣言形式阐述自己的共产主义理论，并且可以作为同盟的宣言发表。马克思和恩格斯也将有可能帮助同盟用新的符合时代和目的的组织来代替它的过时的组织。

莫尔的诚意邀请最后说服了马克思和恩格斯，他们二人决定加入正义者同盟。

1847年6月初，正义者同盟在伦敦秘密召开了第一次代表大会。马克思因为经济困难未能出席这次代表大会，他的战友威廉·沃尔弗代表布鲁塞尔各支部、恩格斯代表巴黎各支部参加了此次大会。

经过与魏特林分子的激烈交锋，马克思和恩格斯的理论和主张得到了同盟代表的支持。大会按照马克思和恩格斯的意见对同盟的名称、目标以及组织方式等内容进行了彻底的改组。同盟更名为“共产主义者同盟”；同盟的组织架构改变为由支部、区部、总区部、中央委员会以及代表大会构成；同盟按照民主原则运行，它的各委员会由选举产生并随时可以罢免。

大会拟定了由恩格斯参与起草的《共产主义者同盟章程》，还讨论了恩格斯起草的《共产主义信条草案》这一具有行动纲领性质的文件。《共产主义信条草案》第一次以正式文件的形式，阐述了马克思关于社会发展的基本观点，将马克思主义的历史唯物主义基本原则渗透于共产主义者同盟的行动纲领之中。经过改组，共产主义者同盟已经具有了国际无产阶级政党的雏形。

根据马克思和恩格斯的意见，同盟第二次代表大会对第一次代表大会拟定的同盟章程作了一些修改。比如，同盟章程的第一条关于同盟的目的的表述原来是：通过传播财产公有的理论并尽快地求其实现，使人类得到解放。修改后的表述为：推翻资产阶级，建立无产阶级统治，消灭旧的以阶级对立为基础的资产阶级社会和建立没有阶级、没有私有制的新社会。把二者进行对比我们可以清楚地看到，新的表述更加完整准确地体现了马克思主义的基本主张。这充分表明，同盟已经转变为马克思主义理论指导下的无产阶级革命政党。

共产主义者同盟的成功改组，是马克思主义理论与工人运动相结合的重大成果。同盟是第一个以科学社会主义为指导思想的国际无产阶级的政党，它的成立具有划时代的意义，它标志着世界从此进入科学社会主义理论指导下的无产阶级革命的新时代。

（二）《共产党宣言》——用唯物史观指导无产阶级革命运动

1847年11月，共产主义者同盟第二次代表大会在伦敦召开，马克思和恩格斯出席了大会，并在大会上阐述了唯物史观和科学社会主义的思想。大会经过辩论，接受了他们的观点，并委托他们为同盟起草一个用于对外公布的纲领。马克思和恩格斯接受了这一任务后，从1847年12月—1848年1月底用不到两个月的时间完成了这一工作，这就是举世闻名的《共产党宣言》。

1848年2月底，《共产党宣言》第一个德文单行本在伦敦出版。《宣言》一问世便被译成欧洲多种文字。伴随着《宣言》的问世，科学社会主义思想在西欧工人阶级中迅速传播开来。作为马克思主义的纲领性文献，《宣言》用精炼、简明的语言对历史唯物主义的基本观点进行了系统阐述，对无产阶级政党的基本主张进行了精辟的阐发。《宣言》的逻辑性和战斗性是如此强大，以至于在170多年后的今天，读起来依然能够感受到它无与伦比的说服力，令人心潮澎湃。

《宣言》一开头，就用一句震撼人心的比喻，宣告了共产主义时代的到来："一个幽灵，共产主义的幽灵，在欧洲游荡。"①这充分显示了共产党人对自己的理论充满自信；对自己的道路充满自信；对自己的理想和信念充满自信；对自己最后的胜利充满自信。

接下来，《宣言》以磅礴的气势展开了自己的逻辑。

---

①《马克思恩格斯文集》第二卷，北京：人民出版社2009年版，第30页。

“至今一切社会的历史都是阶级斗争的历史。”①

这一简明、直接的论断把阶级社会的真相赤裸裸地展示在人们眼前，让人不得不直面现实。只有如此，才能使广大受压迫阶级正视现实，认清自己贫穷、低贱的根源；也只有如此，才能坚定他们挺起胸膛、起来反对统治阶级的压迫和剥削的决心。

马克思和恩格斯回顾了原始土地公有制解体以来的阶级斗争的历史，从古希腊和罗马时代自由民和奴隶之间的斗争，到中世纪贵族和平民、领主和农奴、行会师傅和帮工之间的斗争，再到近代以来资产者与无产者之间的斗争，所有这些都是压迫阶级和被压迫阶级之间的斗争，斗争的根源在于两个阶级无论在社会政治地位上还是经济利益分配中都处于相互对立的状态。这种斗争有时是隐蔽的，有时是公开的，而每一次斗争的结局都是社会发展到一个新的阶段，旧的阶级关系被新的阶级关系所取代。

马克思和恩格斯指明了资本主义时代阶级斗争的特点：它使阶级对立简单化了。整个社会日益分裂为两大敌对的阵营，分裂为两大相互直接对立的阶级：资产阶级和无产阶级。

马克思和恩格斯以唯物辩证的科学态度，用发展的眼光对资产阶级的历史贡献和历史局限作了客观的、全面的评价。他们指

① 《马克思恩格斯文集》第二卷，北京：人民出版社2009年版，第31页。

出，资产阶级在历史上曾经起过非常革命的作用。它推动了生产技术的巨大变革和社会生产力的巨大发展；它把局部地区市场发展为全国统一市场，把国内市场扩展为世界市场，使一切国家的生产和消费都成为世界性的了，从而把一切民族甚至最野蛮的民族都卷到文明中来了。市场的扩展反过来进一步促进了生产的发展。“资产阶级在它的不到一百年的阶级统治中所创造的生产力，比过去一切世代创造的全部生产力还要多，还要大。”[①]资产阶级用政治法律上的自由平等取代了封建等级特权，它无情地斩断了把人们束缚于天然尊长的形形色色的封建羁绊。

但是，随着生产力的发展，资本主义生产关系渐渐不能满足生产力发展的需要了。“资产阶级的生产关系和交换关系，资产阶级的所有制关系，这个曾经仿佛用法术创造了如此庞大的生产资料和交换手段的现代资产阶级社会，现在像一个魔法师一样不能再支配自己用法术呼唤出来的魔鬼了。”[②]作为生产力反抗资本主义生产关系的结果，周期性的商业危机成为资本主义的社会瘟疫。资本主义制度暴露出它的局限性。这表明，资本主义生产关系已经太狭窄了，容纳不了它本身所造成的财富了。

如何解决资本主义的问题呢？马克思和恩格斯告诉我们，资

① 《马克思恩格斯文集》第二卷，北京：人民出版社2009年版，第36页。

② 《马克思恩格斯文集》第二卷，北京：人民出版社2009年版，第37页。

产阶级本身就为解决自己的问题创造了条件。“资产阶级不仅锻造了置自身于死地的武器；它还产生了将要运用这种武器的人——现代的工人，即无产者。”①无产者指的是现代产业工人阶级。随着工业的发展，无产阶级不仅人数增加了，而且结合成更大的集体，它的力量日益增长，而且它越来越感觉到自己的力量。总之，随着生产力的发展和资本的集中，无产阶级也大规模集结在一起，无产阶级越来越作为一个阶级来行动。

马克思和恩格斯指出，与以往的阶级相比，无产阶级具有特殊的性质，从而能够承担特殊的历史使命：

> 过去一切阶级在争得统治之后，总是使整个社会服从于它们发财致富的条件，企图以此来巩固它们已经获得的生活地位。无产者只有废除自己的现存的占有方式，从而废除全部现存的占有方式，才能取得社会生产力。无产者没有什么自己的东西必须加以保护，他们必须摧毁至今保护和保障私有财产的一切。
>
> 过去的一切运动都是少数人的，或者为少数人谋利益的运动。无产阶级的运动是绝大多数人的，为绝大多数人谋利

① 《马克思恩格斯文集》第二卷，北京：人民出版社2009年版，第38页。

益的独立的运动。无产阶级，现今社会的最下层，如果不炸毁构成官方社会的整个上层，就不能抬起头来，挺起胸来。[1]

也就是说，无产阶级只有彻底消灭私有制，彻底消灭阶级剥削和阶级压迫，一句话，只有彻底消灭阶级，才能把人类全体从私有财产的束缚中解放出来，才能解放自己。

无产阶级要做到这一点，就必须建立自己的政党，作为一种政治力量与资产阶级展开斗争。真正能够代表无产阶级的政党，就是共产党。因为共产党人没有任何同整个无产阶级的利益不同的利益。他们不提出任何特殊的原则。

共产党人的目的是，使无产阶级形成为阶级，推翻资产阶级的统治，由无产阶级夺取政权。

无产阶级夺取政权并不是要统治哪个阶级，而是为了消灭阶级统治的条件，并最终消灭阶级。从这个意义上说，共产党人可以把自己的理论概括为一句话：消灭私有制。

如何做到这一点呢？

无产阶级将利用自己的政治统治，一步一步地夺取资产阶级的全部资本，把一切生产工具集中在联合起来的个人手中，并且尽可

① 《马克思恩格斯文集》第二卷，北京：人民出版社2009年版，第42页。

能快地增加生产力的总量，使社会生产更好地满足全体社会成员的生活需要，而不是某些人发财致富的需要。这样，阶级对立和阶级差别将彻底消失。“代替那存在着阶级和阶级对立的资产阶级旧社会的，将是这样一个联合体，在那里，每个人的自由发展是一切人的自由发展的条件。”①这个自由人联合体就是共产主义社会。

《宣言》的结尾第一次公开呼喊出共产主义者同盟的响亮口号：全世界无产者，联合起来！

在《宣言》中，马克思把人类社会发展的历史与历史唯物主义理论逻辑有机结合起来，以直白透彻的语言无可辩驳地证明，私有制社会是阶级对立和阶级剥削的社会，资本主义私有制是私有制发展的最高阶段，也是最后阶段。通过无产阶级革命，消灭资本主义私有制，建立生产资料全社会共同占有的自由人联合体，使社会生产满足全体社会成员的生活需要，是人类从必然王国向自由王国的飞跃的现实途径。

所以，它成为永恒的经典！

恩格斯在《〈共产党宣言〉1888年英文版序言》中回顾了国际工人运动的历史和《宣言》在各国的传播史，指出：“《宣言》的历史在很大程度上反映着现代工人阶级运动的历史；现在，它

① 《马克思恩格斯文集》第二卷，北京：人民出版社2009年版，第53页。

无疑是全部社会主义文献中传播最广和最具有国际性的著作，是从西伯利亚到加利福尼亚的千百万工人公认的共同纲领。”[①]

列宁指出：“这部著作以天才的透彻而鲜明的语言描述了新的世界观，即把社会生活领域也包括在内的彻底的唯物主义、作为最全面最深刻的发展学说的辩证法、以及关于阶级斗争和共产主义新社会创造者无产阶级肩负的世界历史性的革命使命的理论。”[②]

《共产党宣言》是近代以来最具影响力的著作。170年多来，《共产党宣言》被译成200多种文字，出版数千个版本，成为世界上发行量最大的书籍之一。

《共产党宣言》第一个中文全译本由陈望道翻译，1920年8月由上海社会主义研究社出版。2008年，据中国人民大学高放考证，《共产党宣言》一共拥有23种中译本，其中1949年新中国成立以前有9种中译本，新中国成立后截至2008年大陆有8种中译本，香港、台湾有6种中译本。

《共产党宣言》深刻地改变了中国。它教育和启发一大批先进知识分子走上革命道路，促进了马克思主义理论与中国实际的有机结合，促成了中国共产党的诞生；它为中国共产党人提供了巨大的思想理论支持，是中国社会主义革命和建设的重要理论依

① 《马克思恩格斯文集》第二卷，北京：人民出版社2009年版，第13页。

② 《列宁专题文集：论马克思主义》，北京：人民出版社2009年版，第5页。

据，它指引中国共产党人不断把马克思主义与中国革命、建设和改革事业相结合，形成了马克思主义中国化的两大重要成果——毛泽东思想与中国特色社会主义理论体系。

1936年11月，毛泽东同志同美国记者埃德加·斯诺谈话时说，有三本书特别铭刻在他的心中，使他建立起马克思主义的信仰，其中之一就是《共产党宣言》。1939年他又说，《共产党宣言》他看了不下一百遍，每阅读一次，他都有新的启发。他写《新民主主义论》时，《共产党宣言》就翻阅过很多次。

2018年4月23日，习近平总书记在十九届中央政治局第五次集体学习时的讲话中指出："《共产党宣言》的问世是人类思想史上的一个伟大事件。《共产党宣言》是第一次全面阐述科学社会主义原理的伟大著作。""我们党的老一辈革命家都是受《共产党宣言》的影响而走上革命道路的。我们党的第一部党纲就是按照《共产党宣言》精神制定的。我们党开辟的新民主主义革命道路、社会主义革命道路、社会主义建设道路、中国特色社会主义道路，都是把马克思主义基本原理同中国具体实际相结合的伟大创造。中国共产党是《共产党宣言》精神的忠实传人。"[①]

2018年5月4日，习近平总书记在纪念马克思诞辰200周年

① 习近平：《学习马克思主义基本理论是共产党人的必修课》，《求是》2019年第22期。

大会上的讲话中指出："《共产党宣言》发表170年来，马克思主义在世界上得到广泛传播。在人类思想史上，没有一种思想理论像马克思主义那样对人类产生了如此广泛而深刻的影响。"①

本章小结

人类历史纷繁复杂，变幻莫测。在唯物史观创立之前，人们或者把人类历史看作一个任意的、没有规律可循的过程；或者把它看作由神或上帝这样的超自然的力量决定的过程；或者把它看作某些英雄人物表演的舞台。这些历史观都忽视了人类物质生产活动在社会历史发展过程中的决定作用，都贬低了人民群众创造历史的决定作用，因而无法对人类社会发展规律做出正确解释。马克思和恩格斯批判了各种唯心主义历史观，他们从物质资料生产活动出发，阐明生产力对生产关系的决定作用；经济基础对上层建筑的决定作用，从而深入揭示人类社会的本质和发展规律，创立了唯物主义历史观，科学地解答了人类历史发展的"斯芬克斯之谜"，为无产阶级革命活动和共产主义运动提供了科学理论指南。

① 习近平：《在纪念马克思诞辰200周年大会上的讲话》，北京：人民出版社2018年版，第10页。

第二章

范畴与关系

——人类社会的基本结构

马克思1859年在《〈政治经济学批判〉序言》中对他和恩格斯共同创立的历史唯物主义新世界观作了简要表述：

人们在自己生活的社会生产中发生一定的、必然的、不以他们的意志为转移的关系，即同他们的物质生产力的一定发展阶段相适合的生产关系。这些生产关系的总和构成社会的经济结构，即有法律的和政治的上层建筑竖立其上并有一定的社会意识形式与之相适应的现实基础。物质生活的生产方式制约着整个社会生活、政治生活和精神生活的过程。不是人们的意识决定人们的存在，相反，是人们的社会存在决定人们的意识。社会的物质生产力发展到一定阶段，便同它们一直在其中运动的现存生产关系或财产关系（这只是生产关系的法律用语）发生矛盾。于是这些关系便由生产力的发展形式变成生产力的桎梏。那时社会革命的时代就到来了。随着经济基础的变更，全部庞大的上层建筑也或慢或快

> 地发生变革。……大体说来，亚细亚的、古希腊罗马的、封建的和现代资产阶级的生产方式可以看做是经济的社会形态演进的几个时代。①

这一经典表述大体从两个维度对人类社会变化发展规律进行了理论描述：第一个维度是结构维度，即从静态视角剖析人类社会内部的一般结构，也就是人类社会的结构规律；第二个维度是过程维度，即从动态视角揭示人类社会变化发展的动力和发展的阶段，也就是人类社会的变化发展规律。在本章，我们主要介绍马克思关于人类社会结构的理论。第三章和第四章介绍马克思关于社会发展动力和发展阶段的理论。

一、划分社会历史观的基本问题：社会存在与社会意识的辩证关系

人类社会无非就是人类活动的总和。和其他生物一样，人类生活在世界上，首先要解决生存问题。老百姓常说：“开门七件事，柴米油盐酱醋茶。”也就是说，人类需要从周边的自然界获取生存和发展资料，所以，人类社会的存在和发展与周边的自然

① 《马克思恩格斯文集》第二卷，北京：人民出版社2009年版，第591—592页。

环境息息相关。人类的生存还涉及种族的繁衍，也就是人口的再生产问题。但人类作为具有认识能力和反思能力的动物，当然不会和其他动物一样仅仅局限于自己的本能而被动地生存。人类不仅能够根据自己的需要，有意识地改造自然，创造性地开展生产活动，而且能够形成关于自身以及社会群体的意识，甚至还可以开展文化艺术创造等更高级的精神生活。总之，人类社会是物质生活和精神生活的总和。那么，人类的物质生活与精神生活之间是什么关系呢？对这个问题的回答涉及社会存在和社会意识的关系这一划分社会历史观的基本问题。

（一）社会存在是社会发展的必要条件

所谓社会存在，指的是社会物质生活条件的总和，也就是社会生活的物质方面，它主要包括地理环境、人口因素和物质资料生产方式等因素。

1.地理环境是社会存在和发展的自然基础

地理环境是指人类生存和发展的自然条件的总和，涉及地理位置、地形、气候、土壤、水源、矿产资源等多方面的自然要素。地理环境是人类生活和生产的自然基础，它对人类社会的存在和发展具有十分重要的影响。我们经常说，“靠山吃山，靠水吃水”，这就是说，不同的地理环境会形成不同的生产和生活方式。自然条件的优劣对劳动生产率的提高产生积极或消极的影响，从而促进或延缓经济社会的发展。

就拿中国的情况来看，这一点也十分明显。我国地势西北高，东南低；西北内陆干旱少雨，东南沿海雨水丰沛；西部多山区，交通不便，东部多平原，交通便利。不同的自然条件使得我国东西部经济社会发展的差异十分显著，西部地区明显落后于东部地区是我国区域发展不平衡的重要表现。

地理学上有名的“胡焕庸线”所反映的就是中国地理条件的这一特征。1935年，地理学家胡焕庸提出，在地图上从黑龙江瑷珲到云南腾冲画一条直线，大体上可以把我国分为东南与西北两大基本差异区。直线东南方以平原、水网、丘陵、喀斯特和丹霞地貌为主，自古以农耕为经济活动的基础；直线西北方人口密度极低，是草原、沙漠和雪域高原的世界，不适合耕作，自古是游牧民族的天下。“胡焕庸线”与400毫米等降水量线基本重合，是干旱区与湿润区的分界线，它非常直观地反映出地理环境对人类生活的巨大影响。

长期以来，人类把外部自然环境看作被动地供人类支配和任意使用的对象，人与自然的关系表现为人类单向地向自然索取的过程。事实不断证明这种想法是错误的，单向索取的行为是无法持续的。人类的过度索取一旦破坏了自然界生态系统自我维持的能力，生态系统本身将不断退化甚至崩溃，这也就意味着人类的生存环境不断恶化乃至生存条件彻底消失。

在人类历史上，像两河流域的古巴比伦文明和尼罗河流域的古埃及文明的衰落乃至消失，都与生态环境的破坏有着密切的关系。近代工业化以来，人类对自然界的开发和攫取呈几何级数增长，在不到200年的时间里，给全球生态环境造成了严重破坏，如大规模使用化石燃料导致大气中二氧化碳含量增加，地球温度上升，极端天气增多，自然灾害频发，等等。

生态环境问题已经成为影响人类生存的一个全球性问题，引起世界各国的高度重视。1992年5月通过的《联合国气候变化框架公约》、1997年达成的《京都议定书》等国际公约均是国际社会为控制全球生态环境恶化而做出的努力。

我国改革开放初期，在发展经济过程中对生态环境保护重视不够，造成严重的环境污染和生态破坏，不仅严重影响人民生活，而且严重制约着我国经济社会的可持续发展。

党的十八大以来，以习近平同志为核心的党中央高度重视社会主义生态文明建设，把生态文明建设作为统筹推进“五位一体”总体布局和协调推进“四个全面”战略布局的重要内容。习近平总书记对保护生态环境问题多次发表重要讲话和论述，形成了系统的习近平生态文明思想，为我国社会主义生态文明建设提供了重要的思想指导。

2012年12月，习近平同志担任总书记后第一次到地方考察时就严肃指出："我们在生态环境方面欠账太多了，如果不从现在起就把这项工作紧紧抓起来，将来付出的代价会更大。在这个问题上，我们没有别的选择。很多国家，包括一些发达国家，在发展过程中把生态环境破坏了，搞起一堆东西，最后一看都是一些破坏性的东西。再补回去，成本比当初创造的财富还有多。……要实现永续发展，必须抓好生态文明建设。我们建设现代化国家，走美欧老路是走不通的，再有几个地球也不够中国人消耗。"①

2020年9月22日，习近平主席在第七十五届联合国大会一般性辩论上的讲话中，代表中国政府向世界庄严承诺，中国将采取更加有力的政策和措施，二氧化碳排放力争于2030年前达到峰值，努力争取2060年前实现碳中和。这充分展示了中国作为一个负责任的大国为解决全球气候问题作出的贡献和担当。

2.人口因素是社会存在和发展的内在条件

人口因素是另一个重要的社会物质生活条件，对社会发展起着制约和影响的作用。人口因素包含人口数量、质量、构成、分

① 中共中央文献研究室编：《习近平关于社会主义生态文明建设论述摘编》，北京：人民出版社2017年版，第3页。

布、迁移、自然变动和社会变动等多方面的规定性。人是从事物质生产活动和其他一切社会活动的主体，是一切社会关系的承担者，没有人就没有社会。一个社会中人口的数量和质量等因素对生产发展和社会进步起加速或延缓的作用。

在特定的自然条件和经济社会环境中，人口的数量和质量有一个最优水平，适度的人口对社会发展起加速作用，人口过多和过少都会影响经济社会的发展。人口过多，一方面会导致社会产品用于消费的比例增大，积累减少；另一方面会使得人均资本减少，降低人均产出。人口素质相对于经济结构也有一个合理水平，一个社会教育文化相对滞后会使得技术要求较高的产业缺乏足够的劳动力，影响产业升级和社会进步。

长期以来，中国是世界第一人口大国，人口问题在我国经济社会发展中始终居于重要地位。新中国成立以来，随着战乱的结束和经济快速恢复发展，我国人口数量迅速增长，从1949年到1982年，我国人口总量从5.42亿增加到10.17亿，33年时间里人口增加了近一倍。过快的人口增长与当时的经济社会条件不相适应，给我国经济社会发展和人民生活水平的提高造成巨大的阻力。

从1982年起，我国把计划生育确定为基本国策，提倡一对夫妻生育一个子女。计划生育政策为遏制人口过快增长、加速我国现代化进程发挥了重要作用。从1982年到2015年的第二个33

年，我国人口总量从10.17亿增加到13.75亿，增速明显低于前一个时期。这一时期也是我国经济社会高速发展的时期。

然而，随着我国现代化程度的快速提高，人们的生育观念也发生了逆转，育龄家庭少生甚至不生现象显著增加。从2012年到2021年，我国人口出生率从14.57‰下降到7.52‰，人口增速快速下降造成人口年龄结构失衡，带来严重的老龄化问题。2021年我国65岁及以上人口突破2亿人，占全国人口的14.2%，这意味着我国进入了深度老龄化社会。老年人口占比过高，一方面使得医疗养老等方面的支出上升，加重了社会基本公共服务的负担，抑制了消费的增长；另一方面降低了劳动人口的比重，导致劳动力供给相对减少甚至绝对减少，对我国经济社会发展造成严重的不利影响。从2016年起，我国全面放开二孩；从2021年5月31日起，我国全面放开三孩。通过对计划生育政策的调整，努力使人口与经济社会状况保持合理的比例。

3.物质资料生产方式是人类社会存在和发展的决定因素

地理环境和人口因素尽管会对一个国家经济社会发展产生重要影响，但它们只是促进或延缓经济社会发展进程，而不能决定一个社会的性质，更不可能决定社会形态的发展更替。从历史和现实我们都可以清楚地看到这一点。同样的或相似的地理环境会发展出社会性质完全不同的国家，比较典型的如韩国和朝鲜。而地理环境天差地别的国家也可能建立相同的社会制度。例如，中国和古巴，两国的地理环境完全不同，同为社会主义国家。人口因素也是如此，当今世界，无论是资本主义国家，还是社会主义国家，人口数量和结构都是多种多样的。中国和印度是当今人口最多的两个国家，但两国的社会制度并不相同。可见人口因素不能决定社会的性质及其更替。

既然如此，那么究竟是什么因素决定一个社会的性质呢？马克思主义认为，决定一个社会的性质的，是它的“物质生活的生产方式”，简称生产方式。生产方式是指人们为获取物质生活资料而进行的生产活动的方式，也就是人们使用劳动资料作用于劳动对象，生产物质生活资料的方式，它是生产力和生产关系的统一体。物质资料生产方式是社会存在和发展的基础和决定力量。

首先，物质生产是人类社会存在的前提，是人类其他一切活动的首要前提。天上不会掉馅饼，人们要活着，就得吃饭；要有饭吃，就得生产。马克思说过，“任何一个民族，如果停止劳动，不用说一年，就是几个星期，也要灭亡”[①]。

其次，物质生产活动及生产方式决定着社会的结构、性质和面貌，制约着人们的经济生活、政治生活和精神生活等全部社会

① 《马克思恩格斯文集》第十卷，北京：人民出版社2009年版，第289页。

生活。人类社会是以集体活动的方式维持其存在和发展，生产活动是在分工协作的基础上进行的。分工方式不仅决定着生产资料的分配方式，而且决定着不同社会成员在生产中的作用和地位，以及产品的分配结构，并由此形成不同的社会经济政治结构以及相应的社会意识形态。

原始社会早期，生产力水平低下，劳动者之间几乎没有明确的分工。最重要的生产资料——土地和主要的生产工具由部落共同占有，产品在氏族或部落内部平均分配，这就是原始公有制。因为原始社会不存在政治法律机构和相应的法律制度，所以原始社会只有所有制，即部落对土地等生产资料的共同占有，没有所有权，也就没有相应的法律和政治机构。

原始社会中后期，由于生产的发展和社会分工的深化，部落有了剩余产品，部落之间出现了交换，部落内部也产生了劳动者分工。部落首长逐渐脱离了直接劳动过程，专门从事任务分配和产品分配以及剩余产品的交换工作。部落首领利用自己的权力，把大部分剩余产品据为已有，形成私有财产，成为有产阶级，他把俘获的其他部落的成员变为奴隶，专门为自己劳动。逐渐地，原来由部落共同体公共占有、分配给部落成员（家庭）耕种的土地变成了部落首领以及部落成员的私有财产，产品不再归部落公共所有。

这样，社会就形成奴隶主阶级、奴隶阶级和自由民阶级，原始社会就发展到奴隶社会，私有制就正式产生了。奴隶主为了维持自己的统治，建立各种暴力机构，制定各种法律制度，利用上层建筑的力量来维护自己的财产权利和利益。由分工决定的生产结构和利益分配结构不仅反映在政治法律制度上，而且反映在社会意识和精神生活中。那些占据统治地位的人为了维护自己的利益，总会为自己的统治合法性寻找依据。中国历史上的开国皇帝们不管是如何当上皇帝的，总会把自己塑造成具有神性的人。史书上说他们往往出生的时候就天生异象。他们当皇帝是上天预先安排好的，所以皇帝又被称为天子。这种君权神授的思想实际上是封建政治在思想上的体现。

最后，物质生产活动及生产方式的变化发展决定整个社会历史的变化发展，决定社会形态从低级向高级的更替和发展。人类社会的发展，归根结底是由物质生产方式的发展变化推动的。

以西欧封建社会向资本主义社会的过渡为例。封建社会是以城乡分工为基本特征的，乡村以农业生产为主，工商业集中在城市。在城市手工业中，手工作坊规模较小，一般都是师傅带领学徒进行生产，师傅和学徒之间不是雇佣关系，他们之间有一定的人身依附关系。在西欧封建社会，手工作坊处于行会的控制之下，参加行会的是各个行会的手工业作坊主，他们又称行东、匠师或师傅。行会分工极细，例如织布和漂染就是两大专业。按照行会的规定，处于某一专业的作坊不得从事其他专业的业务，这极大地限制了企业内部分工的发展。

到14、15世纪，随着分工深化带来的劳动生产率提高，使得一些行东逐渐突破行会的限制，他们不但扩大生产规模，雇佣更多的学徒，并且超出本专业，把与本专业联系密切的上下游专业或生产环节合并到自己的作坊中，通过分工和协作，降低了生产成本，提高了竞争力。分工发展的另一条途径是原来在工场内部从事相同劳动的许多工人，由于劳动过程分化为许多不同的环节和操作，分别从事不同环节或不同操作的劳动，相互之间形成劳动分工。

马克思比较了当时经济较为落后的德国与经济较发达的荷兰和英国在生产方式上的差别：“一个德国的行会造纸匠要依次完成的、互相连接的那些操作，在荷兰的造纸手工工场里独立化为许多协作工人同时进行的局部操作。纽伦堡的行会制针匠是英国制针手工工场的基本要素。但是纽伦堡的一个制针匠要依次完成也许20种操作，而在英国，将近20个制针匠同时进行工作，每一个人只从20种操作中的一种，后来，这20种操作根据经验又进一步划分、孤立，并独立化为各个工人的专门职能。”[①]

① 《马克思恩格斯文集》第五卷，北京：人民出版社2009年版，第392页。

手工工场生产规模的扩大和内部劳动分工协作的发展，促进了另一种分工的产生，那就是原来的行东从生产过程中分离出来，专门从事生产协调管理职能，成为独立的资本家阶级。

新的资本家阶级与原来的行东相比，从身份到职能再到与劳动者的关系，都发生了重大变化。从身份上看，原来的作坊主基本上属于个体手工业劳动者。虽然他有帮工和学徒，但作为师傅，他掌握着主要的生产技术，是生产过程的主要劳动者。帮工和学徒只是协助他工作，并且这部分人具有很大的流动性，帮工是临时性的，学徒只要期满，就会离开，因而作坊主是主要劳动力。虽然他拥有一定的生产资料，这些生产资料只是实现自己劳动的手段，而不是支配别人劳动的手段。资本家阶级则是一个全新的阶级，他们的身份来自资本的所有权，凭借这一权利，他们脱离了直接的劳动过程，靠支配别人劳动，实现生产资料和劳动力的结合，并获得利润。帮工和学徒也改变了原来的身份，逐渐转变为领取固定工资的自由劳动者。这样，作坊主与帮工、学徒之间的关系就演变成单纯的雇佣关系，资本主义生产关系就这样产生了。由此我们可以看出，物质生产方式的改变是社会形态发展演变的决定性因素。

（二）社会意识是社会存在的总体反映

与社会存在相对的，是社会意识。所谓社会意识，是指社会精神生活的总和，包括人们的情感、风俗习惯、艺术、宗教、科学等多方面的内容。作为有认识能力和反思能力的动物，人类在生产和生活中逐步形成关于外部自然界、关于周围其他人以及关于自己的认识，会产生情感反应。随着时间的推移，这种认识不断积累和升华，逐步由个体意识发展为群体意识；由直观的感性的认识上升到抽象的理性认识；由自发的、不系统的、不定型的感知、情绪、情感、心态、习俗等社会心理发展到自觉的、系统的、定型的社会意识形式，即政治法律思想、道德、艺术、宗教、哲学、科学等，从而形成社会精神活动和产品的总和，即社会意识。

社会意识形式又包括意识形态和非意识形态两类，意识形态是指反映社会的经济关系、政治关系、阶级关系的社会意识，主要包括政治法律思想、道德、艺术、宗教、哲学等。意识形态具有鲜明的阶级性。

以经济学为例。目前的经济学大体上可以分为西方经济学和马克思主义经济学两大体系。西方经济学标榜客观、中立，但从其具体内容看，它的立场是很鲜明的。西方经济学宣称它的研究对象是资源配置，它的目标是提高资源配置效率，这看起来好像是很客观的，但深入分析就会发现完全不是那么回事。在市场经济条件下，对企业而言，其资源配置效率如何衡量呢？西方经济学的标准是：利润最大化。显然，这是资本家追求的目标，而绝不可能是雇佣工人的目标。

与西方经济学相反，马克思主义经济学一开始就宣布它是站在工人阶级立场上的。它也分析资本主义企业的运行，它通过分析揭露企业利润的真正来源是雇佣工人的剩余劳动，从而揭穿资本家对雇佣工人的剥削关系，为工人阶级反对资产阶级提供了科学的理论支持。

社会意识形式的另一部分，如自然科学和语言学、形式逻辑等，研究对象和观点通常具有客观性，不反映特定社会集团的利益和要求，不服务于特定经济政治制度和特定阶级，因而属于非意识形态。

（三）社会存在与社会意识的辩证关系

社会存在和社会意识之间是什么样的关系呢？这一问题是社会历史观的基本问题。对这一问题的不同回答构成唯物主义历史观和唯心主义历史观的分野。正确认识这一问题是解决其他社会历史观问题的基础和前提。

马克思主义的观点是，社会存在和社会意识是辩证统一的关系。社会存在决定社会意识，社会意识是社会存在的反映，并反作用于社会存在。社会意识具有相对独立性。这一观点决定了马克思主义的历史观是唯物辩证的历史观。

首先，社会存在决定社会意识。社会意识的产生就是社会存在的结果。社会意识同语言一样，是在生产中由于交往活动的需要而产生的。人类在群体生产和生活过程中，经常需要相互交流，逐渐产生了语言。有了语言这一载体，人类的社会意识才超越了动物的本能而得到长足发展。社会意识的内容来自社会存在，有什么样的社会存在就会有什么样的社会意识，社会意识是社会物质生活过程及其条件的主观反映。例如，古代中国内陆地区大都祭拜土地神，希望土地神保佑人类风调雨顺、粮食丰收；而福建广东沿海地区祭拜的则是海神妈祖，希望妈祖能保佑渔民出海一帆风顺，鱼虾满舱。显然，这些社会活动与他们的生产活动有着直接联系。

社会意识产生的基础是人类的社会实践。人类在利用自然获取生存资料的生产实践中不断与外部自然界打交道，由此产生对自然的认识；在此过程中人与人之间需要交流，由此产生对他人以及群体的认识，从而产生了社会意识。社会意识形成后，可以反过来指导人类有意识、有目的地改造世界。总之，社会意识根源于社会存在，是对以实践为基础的不断变化发展的现实世界的反映，社会意识的目的和作用是服务人类的生产和生活。

随着社会存在的发展，社会意识也相应地或早或迟地发生变化和发展。社会意识是具体的、历史的。每个时代的社会意识都是当时经济社会状况的反映，都有其独特的内容和特点，时代发展变化了，经济社会状况改变了，社会意识也会相应地改变。例如，在欧洲人到达美洲之前，印第安人的很多原始部落没有私有财产的观念，因为他们生活在原始公有制阶段。在欧洲人看来天经地义的私有财产，在印第安人那里是无法想象的。这并非印第安人智力低下，只不过他们还没有发展到私有制社会这一阶段。人类历史上所有民族都经历了原始公有制这一发展阶段，处于这一发展阶段的人们都没有私有财产观念。随着以生产资料私有制为基础的生产方式的出现和原始社会的瓦解，私有观念以及与此相联系的思想意识才相应地产生。

社会意识以理论、观念、心理等形式反映社会存在，社会意识对社会存在具有依赖性。但社会意识并非消极被动地受制于社会存在，它既依赖于社会存在，又具有相对独立性。

社会意识的相对独立性是指，社会存在虽然从根本上决定社会意识，但社会意识具有自己特有的、不依赖于社会存在的发展形式和规律，它的发展变化并不始终与社会存在保持一致。

社会意识的相对独立性主要表现在三个方面：

第一，社会意识的变化发展与社会存在并不完全同步。一方面，某些社会意识虽然落后于社会发展，但它依然能够存在。社会意识一旦形成，它会在代际之间传递，即使促使其形成和发展的社会条件已经发生改变，它依然能够在一段时间内盘踞在人们的头脑中。例如，直到今天，一些人头脑中仍然有重男轻女的思想，这一思想本是农耕时代特殊社会条件的产物，是封建时代家族观念的产物；按说在现今的时代，这种观念早已与经济社会条件不适应了，但它确实还在一定程度上存在着。另一方面，一些进步的社会意识能够超越社会发展，引领社会发展的方向。理论有自身的发展逻辑，科学理论能够根据对现实的合理分析，合乎逻辑地推测出未来的发展方向，并能够影响人们的思想观念，指导人们开展改造现实的实践。马克思主义就是这样的理论。马克思和恩格斯两位伟大的无产阶级导师在对资本主义制度的本质和发展趋势的科学分析的基础上，提出了科学社会主义的伟大构想。在马克思主义理论的指导下，社会主义从理想变成现实。

第二，社会意识具有历史继承性。和社会存在一样，社会意识内部各种形式之间是相互联系、相互影响的，即使某种社会意识其存在的物质条件发生了变化，由于其他社会意识的影响，这一社会意识不会马上消失。宗教就是一个典型的例子。宗教是古代社会人们对自然和人本身缺乏科学认识而产生的一种超自然的解释，例如基督教认为自然界和人类本身都是上帝创造的。在今天看来，这种解释显然是错误的。但由于具有满足人们某些心理和情感需求的功能，宗教能够延续几千年，至今仍然广泛存在。此外，社会意识各种形式都有自成系统、前后相继的历史链条，因而具有历史继承性，有其发展的特殊规律。以哲学为例，古希腊哲学就大体分为唯心主义哲学和唯物主义哲学两派，这两派在反驳对方理论、并为自己的理论辩护的过程中不断发展演变。直到今天，哲学依然有唯物主义和唯心主义之分。虽然从研究主题和具体内容上看，今天的哲学与古代哲学已经有很大区别，但其传承和发展脉络仍是很清晰的。

第三，社会意识对社会存在具有能动的反作用，这是社会意识相对独立性的突出表现。社会意识虽然是人类头脑活动的结果，但它能够塑造或改变人的思想观念，影响人们的劳动方式和生活方式，进而影响社会发展的进程。从人类历史看，先进的社会意识反映了社会发展的趋势和要求，对社会发展起着积极的促进作用；落后的社会意识不符合社会发展的趋势和要求，则对社会发展起着消极的阻碍作用。因此，社会剧烈变动的时期，往往也是新旧思想激烈交锋的时期。当社会发展方向还未明确时，各种社会力量都会利用思想理论来影响社会大众，力图左右社会发展方向。纵观近代中国的历史，这一点表现得特别明显。

鸦片战争让中国人第一次见识到西方现代工业的坚船利炮，一些先进的官员和学者掀起了一场引进西方科学技术、兴办军事工业和民用企业的自救运动，这就是洋务运动。洋务运动在思想领域的代表人物是曾担任驻英公使的郭嵩焘。郭嵩焘认为，中国实现富国强兵的根本在于学习西方的政治法律制度，振肃纲纪、刷新吏治；要做到这一点，首先应从学习西方的先进科学技术开始，通过发展近代工商业，为政治法律改革打下基础；他还主张改革传统教育制度，开办西学，培养实用人才。

洋务运动遭到了保守派的激烈反对，保守派中比较著名的人物是曾经是郭嵩焘的好朋友和得力助手、并在郭嵩焘举荐下担任驻英副使的刘锡鸿。刘锡鸿一生坚守儒家思想，认为发展商业是舍本逐末之举，反对效仿西方发展机器制造工业。他认为“官中多一商贾，即国多一蠹，民多一贼。岂政令不讲，民生不恤，而惟船炮机器之是恃，遂足治天下邪？”他甚至反对使用机器，认为“一意讲求杂技，使趋利之舟车，杀人之火器，争多竞巧，以为富强，遽谓为有用之实学哉？”刘锡鸿最出名的举动是反对修建铁路、开通火车。他说：“火车实西洋利器，而断非中国所能仿行也。臣窃计势之不可行者八，无利者八，有害者九。”在他的影响下，中国铁路修建被推迟了好几年。由这个事例我们可以看到，思想领域的斗争往往会对社会经济活动产生重大影响。

我们肯定社会意识的相对独立性，承认它对社会存在具有能动作用，但不能将其无限夸大，社会意识终究离不开社会存在。社会意识的能动作用是通过影响人们的实践活动来实现的。社会实践的主体是人民群众，因此，一种社会意识能够发挥多大作用，根本上取决于它影响和掌握群众的深度和广度。马克思指出："理论一经掌握群众，也会变成物质力量。理论只要说服人，就能掌握群众；而理论只要彻底，就能说服人。所谓彻底，就是抓住事物的根本。"①

二、揭开生产活动的奥秘：生产力与生产关系的辩证关系

如果对我们所处的人类社会稍微作一点思考，就会感到困惑。经过几千年的发展，特别是近代以来工业化的全球扩展，人类创造的物质财富达到了惊人的数量，足以让所有的人过上比较舒适富足的生活。然而，人类至今也没能彻底解决贫困问题。据联合国估算，2015年全球有大约10%的人口生活在绝对贫困线之下，也就是说全世界有7亿多人每天的生活费不超过1.90美元，大体上相当于人均每月的生活费不到人民币400元，这个水平显然是非常低的。而2015年全球GDP总量达到74万亿美元，人均约1万美元。为什么在全球生产出如此庞大财富的情况下，

① 《马克思恩格斯文集》第一卷，北京：人民出版社2009年版，第11页。

还会有那么多的人处于极度贫困状态？

如果我们从理论方面进行深入思考就会发现，这里涉及人类生产活动的两个层面的问题：一个是人与自然的关系，生产就是人类利用和改造自然、创造财富的活动；另一个是人与人的关系，即经济利益的分配关系。前者说的是生产力，后者说的是生产关系。生产力决定着物质财富的总量，生产关系决定着物质财富的分配状况。用通俗的语言讲，二者是做馅饼和分馅饼的关系：馅饼做大了，才有可能每人多分一点；但馅饼做大了，并不意味着每人一定能多分一点。当今社会贫富分化依然严重，不是因为财富不够多，而是因为财富分配不均。要理解这一点，就需要搞清楚生产力与生产关系的关系。

在马克思主义看来，生产力是推动社会发展进步的最终决定力量，生产力决定生产关系，生产关系对生产力具有反作用，生产力与生产关系的矛盾运动推动人类社会不断由低级形态向高级形态发展。

（一）生产力是社会生产能力的总和

生产力是人类利用和改造自然，获取生存资料和发展资料的能力，这种能力随着人类经验和知识的积累而不断提高。举例来说，同样是盖房子，古人用砖石和木材建造低矮狭窄的房屋，今天我们能够用钢筋水泥建造一百多层的摩天大楼，显然后者的生产力要远远高出前者。

生产力是改造自然的能力，这种能力是由众多要素共同作用形成的，是一个系统。其中最基本的要素是劳动者、劳动资料和劳动对象这三个要素。因为最简单的生产活动也离不开这三者，缺少任何一个，生产就无法进行。任何生产活动都是劳动者使用劳动资料作用于劳动对象的过程，是三个基本要素有机结合相互作用的过程。三个要素当中，劳动者是首要的生产力要素，在生产力诸要素中起着主导作用。作为生产力要素的劳动者是指具有一定生产技能和劳动经验、实际从事生产劳动的人，既包括体力劳动者，也包括以不同的方式进入直接生产过程的脑力劳动者。随着知识和技术的进步，脑力劳动在生产中的作用不断增大，特别是在新兴的知识、技术密集型产业中，对劳动者的科学文化素质的要求日益提高。进入21世纪以来，随着通信技术、自动化技术、互联网技术和人工智能等技术的迅猛发展，人类生产活动对体力劳动者的需求相对减少，对脑力劳动者的需求大幅增加。近年来，软件开发和维护人员（通常称作程序员）作为一个新的工种异军突起。工信部官方数据显示，2020年1—11月，中国软件业从业平均人数698万人。可以预见，随着人工智能和自动化技术的不断发展，脑力劳动在劳动者中所占比重越来越高。

劳动资料是在生产过程中用以改变、影响劳动对象的物质手段，是劳动者和劳动对象之间的媒介物。农民用锄头锄地，锄头就是劳动资料；卡车司机用卡车运送货物，卡车就是劳动资料；程序员用电脑写程序，电脑就是劳动资料。如果全面地看，劳动资料是一个结构复杂、范围广泛的物质系统，包括生产工具系统、动力系统、能源系统、运输系统、贮藏系统以及控制系统，等等。在劳动资料系统中，生产工具占据主要地位，是衡量生产力状况的主要的客观物质尺度。使用什么样的生产工具进行生产，一方面制约着人们在实际上能以什么东西作为劳动对象；另一方面也决定着什么样的人能成为合格的劳动者。因此，生产工具被作为区分社会经济时代的重要依据。例如，历史学家把原始社会划分为旧石器时代、中石器时代和新石器时代三个阶段，就是以标志性的生产工具为根据的。

劳动对象是指生产过程中被改造、加工、制作的一切对象。笼统地说，劳动对象就是自然界，因为人类生产活动作用的对象归根结底来自自然界。从理论上讲，整个宇宙都是人类开发的潜在对象，但对今天的人类而言，宇宙中只有极小的部分进入我们的活动范围，更准确地讲，劳动对象只是纳入人类生产过程而被利用的那一部分自然界。现实的劳动对象分两大类：一类是没有经过人类加工的自然物，如原始森林、地下矿藏等；另一类是经过人类加工而制造出来的原材资料，如粮食、钢铁等产品，它们需要进一步加工才能进入消费过程；还有一类是塑料等人工材料。随着人类生产实践的发展和科学技术的进步，劳动对象的范围将越来越大。

劳动者、劳动资料和劳动对象是构成生产力的实体要素。除了这些实体要素，生产过程还需要一些非实体要素参与，如组织管理协调活动、知识和技术，等等。这些非实体要素是通过作用于实体要素而发挥作用的。虽然它们不是生产力的独立要素，但其作用是不可替代的。

随着社会分工的不断深入，人类的生产活动越来越趋于专业化，每个劳动者只从事生产总过程的一部分工作，这样，整个生产过程的管理协调就成为一项必要的，而且十分重要的工作，专业的管理劳动随之产生。马克思在《资本论》第三卷对管理劳动的必要性进行了专门分析。他说："凡是有许多个人进行协作的劳动，过程的联系和统一都必然要表现在一个指挥的意志上，表现在各种与局部劳动无关而与工场全部活动有关的职能上，就像一个乐队要有一个指挥一样。这是一种生产劳动，是每一种结合的生产方式中必须进行的劳动。"[①]在现代大型综合性企业中，不仅有专门从事管理工作的职业经理，而且管理职能也进一步分化

① 《马克思恩格斯文集》第七卷，北京：人民出版社2009年版，第431页。

和专业化了，如生产管理、技术管理、市场管理、财务管理、人力资源管理，等等。这表明，随着生产过程分工协作的不断深化，管理职能也越来越专业化。

科学技术是一个越来越重要的非实体要素。科学技术是通过渗透到生产力实体要素之中发挥作用的，它通过改进或革新劳动资料的性能、扩大劳动对象的范围或提高劳动者的技能，或改进原有产品的性能，或降低原有产品的成本，生产出新的技术水平更高的产品。科学技术是先进生产力的集中体现和主要标志。在现代社会，科学技术对生产力的贡献越来越显著，其作用越来越不可替代，日益成为生产发展的决定性因素。这一点我们在日常生活中就能感受到。手机现在几乎成了人们的生活必需品，它极大地方便了人们的日常生活，但这在20年前是不可想象的，这完全得益于十多年来的科技进步。从这个意义上说，科学技术越来越成为第一生产力。

（二）生产关系是物质利益关系的总和

生产力不管如何发展，其最终目的是满足人的需要。人类的生产活动是集体活动，这就涉及生产过程中人与人的关系，即生产关系。生产关系是指在生产中形成的人们之间的物质利益关系，这些关系涉及生产活动的方方面面，内容纷繁复杂。如生产资料所有者与劳动者的利益关系、生产资料所有者与管理者的利益关系、管理者与劳动者之间的利益关系、劳动者之间的利益关系、生产者与销售者的利益关系、销售者与消费者之间的利益关系，等等。这些关系可以归纳为纵向和横向两个方面。

从纵向看，生产关系主要包括三种关系：一是生产资料的所有制形式，即劳动者同生产资料的关系，核心是生产资料归谁所有、受谁支配；二是人们在生产过程中的地位和相互关系。在一个公司中，谁是老板，谁是经理，谁是员工，处在不同位置上，其权力和利益是完全不同的；三是产品的分配形式，即生产的产品如何分配，按什么标准和原则进行分配。分配是生产的终点，也是生产的目的，它是不同生产者利益关系的最终体现，因此在生产关系的诸多关系中，分配关系往往是最引人注目的。如前所述的全球贫富差距问题，就是当前全球不平等的收入分配的直接后果。

从横向上看，生产关系表现为社会生产总过程的生产、分配、交换、消费四个领域或四个环节之中的人与人的利益关系。最简单来说，市场买卖关系就是一种生产关系，它涉及买卖双方的利益分配，一方的成本就是另一方的收益。从博弈论角度看，这是零和博弈。

生产关系这么复杂，那我们如何认识和区分它呢？一个简单的办法就是找准最重要的关系。在生产关系中，最重要的，也是具有决定性的关系，其实不是分配关系，而是生产资料所有制关系。这一点我们稍微琢磨一下就能明白。大家想想，如果一个人在一个公司打工，挣多少钱谁说了算？老板啊！为什么，因为公司是他的，他是出资人。所谓出资人，就是生产资料的所有者。生产资料归谁所有，谁就在生产中居于支配地位，谁就决定采取何种分配方式以及职工收入的高低。正因为老板或资本家决定收入分配，他从其自身的利益出发，一定会尽可能把职工工资压低一点，这样他就能多赚一点。这样发展下去，资本家和工人之间的收入差距会越来越大。这也就是为什么在生产资料归私人所有的社会里，都会出现贫富分化现象。鉴于生产资料所有制在生产关系中的核心地位，我们通常根据生产资料所有制特征来判定一个社会的生产关系的性质，而社会制度的变革最根本的是变革生产资料所有制。

因此，要彻底解决贫富分化的问题，必须废除生产资料归私人所有的制度，也就是废除生产资料私有制。大家可能会说，生产资料不归私人所有，那归谁所有呢？其实生产资料私有制不是从来就有的，更不是天经地义的。在人类历史早期，就实行生产资料归氏族或部落成员共同所有的原始公有制。生产工具归部落公共所有，大家共同劳动，获得的产品在部落内部大体平均分配。那时候由于人类主要靠捕猎和采集谋生，生产力水平十分低下。只有采取集体活动的方式，人类才能生存下去。原始社会末期，由于生产力发展和社会分工的出现，部落的剩余产品越来越多，出现了私人财产，原始公有制就这样被私有制所取代。

生产资料私有制把每个人的利益与其他人区分开来，并受到国家法律的保护，这样能够调动个人的生产积极性，在人类社会发展的一定阶段有利于生产力的发展和社会进步。但当私有制发展到资本主义阶段，随着社会生产越来越联系为一个日益紧密的整体，资本主义私人占有与社会化生产之间的冲突越来越严重，不仅导致贫富分化，而且会导致整个社会生产失调，引发经济危机。这暴露了资本主义私有制与社会化生产之间难以调和的矛盾。

要解决这一矛盾，就必须满足生产社会化的要求，由全社会占有生产资料。事实上，随着社会生产力的发展，资本主义私有制也在其自身范围内不断扬弃私有性质，提高其生产资料社会化占有的程度。最初的资本主义企业多为单个资本家所有的业主制，或者几个资本家共同出资的合伙制；到19世纪下半叶，由多个出资者共同出资的股份公司流行起来，到后来向社会公开募集股本的上市公司越来越兴盛；第二次世界大战后，进一步出现了政府出资新建的企业或参股的企业。尽管这些形式的所有制本质上还是私有制，但明显可以看出，生产资料来源的社会化程度越来越高了。由此可见，生产资料公有制是生产力发展的必然要求，是不可阻挡的历史趋势。

（三）生产力与生产关系是辩证互动的关系

如前所述，生产关系不是由哪个人决定的，也不是可以任意改变的，生产关系归根结底是由生产力状况决定的。我们前面介绍了马克思从分工与所有制的关系的视角对这一问题的论述。这个问题还可以从另外一个角度看。生产关系也可以理解为人们在生产活动中在分工基础上形成的协作关系，协作当然涉及生产组织和协调的问题，也涉及收益分配的问题，这些问题不解决，协作关系就不可能持久稳定地存续下去。那么，谁来决定应该采取什么样的协作方式呢？从人类历史上看，协作方式是由生产技术特征和技术水平决定的。例如，在农业生产中，如果使用牲畜耕种、人工收割的生产模式，单个生产单位的种植面积不会太大，家庭作为生产单位就足够了，由于农户与农户之间没有太多的协作关系，把农户组织在一起的合作社在生产上并不能提高效率，反而会因为利益分配增加摩擦。所以从历史上看，无论是中国，还是西欧，与牲畜耕作相适应的农业生产模式都是农户个体所有制，也就是通常所说的小农经济。与农业不同，在西欧封建社会末期，城市手工业发展到工场手工业阶段，已经出现了比较复杂的生产设备，在这种情况下，把许多劳动者组织在一起，通过分工协作进行生产，可以大大提高生产效率。那么谁来把人们组织起来呢？显然是出钱创办企业的资本家最有积极性，也只有他有足够的资金把工人组织起来，资本家向工人支付固定工资，工人按照其要求进行劳动，这种关系是比较稳定也容易维持的。这种以雇佣劳动为特征的资本主义私有制就出现了。因此，马克思说："人数较多的工人在同一时间、同一空间（或者说同一劳动场所），为了生产同种商品，在同一资本家的指挥下工作，这在历史上和概念上都是资本主义生产的起点。"[①]

上面分析了生产力对生产关系的决定作用，这只是问题的一个方面。生产关系并非机械地、被动地受生产力的支配，而是对生产力具有能动的反作用。与生产力相适应的生产关系能够促进生产力的发展；与生产力不相适应的生产关系会阻碍生产力的发展。

在现实生活中，生产关系与生产力并非始终是相互适应的。经常出现的情况是，社会生产力已经发展到一个新的阶段，现有的生产关系已经与生产力的要求不适应了，但既得利益阶层不愿

① 《马克思恩格斯文集》第五卷，北京：人民出版社2009年版，第374页。

意放弃自己的利益，而顽固地维持旧的生产关系。这时候生产关系就会限制或阻碍生产力的发展。资本主义经济危机反复爆发，就是资本主义生产关系阻碍和破坏生产力发展的结果。

还有的时候，人们建立的新的生产关系超越了生产力发展的实际要求，这也会给生产力造成破坏。例如，在新中国成立后一段时间里，把社会主义同公有制简单地画等号，不顾农业生产的实际情况，在农村推行集体生产队体制。这一措施无法调动农民的积极性，导致我国长期处于粮食短缺的局面。直到十一届三中全会后，中国根据农村生产力的实际情况，推行家庭联产承包责任制，农业生产才恢复了活力。

尽管生产关系对生产力具有很大的反作用，但不能把它与生产力的决定作用相提并论。生产关系对生产力的反作用归根到底还是由生产力决定的。因此，我们在认识社会问题，制定解决办法时，必须把生产力放在首要位置，从生产力发展的需要来选择制度和政策。归根结底，判断一种生产关系是否先进的标准，是这一生产关系是否与生产力的要求相适应，是促进还是阻碍生产力发展。

生产关系一定要适合生产力状况的规律是社会形态发展的普遍规律。人类社会就是在生产力与生产关系相互作用的过程中不断发展前进的。生产关系对生产力从适应到不适应，再到经过变革的生产关系重新适应发展了的生产力的过程，就是人类社会从一个旧的阶段发展到新的阶段的过程。在这一过程中，最终起决定作用的社会生产力，这是人类社会发展的一般规律。纵观东西方几千年的人类历史，所有社会无一不是按照这一规律发展演进的。只不过有的发展快一些，有的发展慢一些。

三、解剖社会内部的结构：经济基础与上层建筑的辩证关系

在现实社会中，生产力的发展具有不平衡性和多样性。同一个国家的不同地区，同一地区的不同行业，生产力发展的层次和水平是不一样的。就拿中国来说，我国既有高铁、电子商务、5G通信这样的全球领先的新兴产业，也有钢铁、石化、煤炭这样的传统重工业，还有牲畜耕作的传统农业。多元化的生产力决定了中国的生产关系也必然是多元并存的。目前，中国既有全民所有制性质的国有企业（中央企业和地方国有企业），在农村还有大量的集体所有制性质的合作社，这二者是具有社会主义性质的经济。此外，中国还有大量的资本主义性质的私营企业，以及小所有制性质的个体农户和个体工商业。这些生产关系与我国多样化的生产力状况相适应，它们共同构成了中国社会的经济基础。在这些生产关系中，以国有企业和集体企业为代表的社会主

义公有制经济在国民经济中占据主体地位，它们不仅占有我国全部土地、矿山、海洋、河流、湖泊等自然资源，而且在航天航空、军工、钢铁、能源、交通基础设施、医疗、教育等基础产业和支柱产业中占据主导地位。一句话，社会主义生产关系在我国占据支配地位，它决定了中国是社会主义性质的国家。

（一）经济基础与上层建筑

上面的例子引出一个重要范畴——经济基础。经济基础是指与一定的生产力发展阶段相适应的生产关系的总和。在现实社会中，往往多种生产关系并存，但只有在社会经济中占据支配地位的生产关系决定社会性质。

建立在经济基础之上的意识形态以及与之相适应的制度、组织和设施就是上层建筑。自人类进入阶级社会以来，上层建筑由观念上层建筑和政治上层建筑两部分组成。观念上层建筑就是意识形态，它主要包括政治、法律、思想、道德、宗教、艺术等思想观念和形式。政治上层建筑由国家政治法律制度以及相应的国家政权机构、军队、警察、法庭、监狱等政治组织和设施组成。政治上层建筑是在统治阶级的意识形态的指导下建立起来的，是统治阶级镇压被统治阶级的反抗、维护自己统治地位的工具，它体现统治阶级的意志。政治上层建筑作为一种现实力量，它为维护统治阶级的意识形态提供政治法律方面的支持，从而影响和制约着人们的思想观念。

社会主义核心价值观是当前我国社会主义意识形态的基本内容，它为我国社会主义国家治理提供基本的理论支持；国家又利用相关的制度、组织和设施来加强社会主义核心价值观的宣传，使其更快地为广大人民群众所接受，并指导人们的行动。

政治上层建筑在上层建筑中居于主导地位，其中，国家政权是政治上层建筑的核心。马克思主义认为，国家不是从来就有的，也不会永远存在下去。国家是阶级统治的工具，因而只有在阶级社会才存在。它是阶级矛盾发展的产物，是一个阶级统治另一个阶级的工具。在奴隶社会，它是奴隶主阶级统治奴隶阶级的工具；在封建社会，它是地主阶级统治农民阶级的工具；在资本主义社会，它是资产阶级统治无产阶级的工具。因此，不同的社会，国家的性质是不同的。到未来共产主义社会，随着私有制被彻底消灭，阶级和国家也将随之消亡。

（二）经济基础与上层建筑的相互关系

一个社会的经济基础决定着它的上层建筑；反过来，上层建筑能够对经济基础产生反作用，促进或阻碍经济基础的变化发展。二者是相互影响、相互制约的辩证统一关系。

经济基础决定上层建筑表现在：首先，从上层建筑的形成来看，上层建筑是适应经济基础的需要而产生的，经济基础是上层建筑存在和发展的物质基础；其次，从性质和内容看，上层建筑反映经济基础的要求，经济上占统治地位的阶级也一定在政治上占据统治地位，并且利用上层建筑保护和扩张自己的利益；最后，一旦某个统治阶级丧失了经济上的统治地位，其政治上的统治迟早会被颠覆，也就是说，经济基础改变了，上层建筑迟早会发生改变。

法国大革命就是经济基础发生改变引起上层建筑变革的典型例子。人们经常说，启蒙运动是法国大革命的思想先导，这一点当然没有错。启蒙运动对封建等级制度和宗教蒙昧主义的批判以及对自由平等观点的宣扬确实对人的思想解放产生了很大作用，但启蒙运动不是凭空产生的，它是法国资本主义生产关系不断发展的结果，它主要反映的是“第三等级”（工商业主为主体的资产阶级群体）的利益和愿望。所以，法国大革命实际上是经济上占据主导地位的新兴资产阶级夺取政治主导权的运动，从这个意义上，启蒙运动可以被视为一场资产阶级革命。

上层建筑虽然是由经济基础决定的，但它一旦确立，又具有相对独立性。上层建筑有自己的运动规律，并通过自己的活动反过来影响经济基础。也就是说，上层建筑对经济基础具有能动的反作用。政治上层建筑以法律制度的形式规范和约束人们的行为，并利用军队、警察、法庭、监狱等暴力机关确保法律制度的实施，具有一定强制性。政治上层建筑的规定和举措会对现实的经济社会关系产生重要的影响。

改革开放前，我们把个体经济和私营经济看作资本主义成分，在政策上加以限制和禁止，以至于一段时期内民营经济几乎完全消失。改革开放后，我们逐步放宽和取消了对民营经济的各种限制，民营经济在很短的时间就恢复和发展起来。这是政治对经济反作用的一个典型事例。

改革开放后，我们逐步突破了“左”的观念的束缚，恢复了一切从实际出发、实事求是的思想路线，并把它转化为具体的制度和政策，从而调动了包括民营经济在内的各种经济主体的积极性，极大地改变了经济面貌。这是观念上层建筑对经济基础能动反作用的生动体现。

从上面的例子我们可以看到，与经济基础相适应的上层建筑能够保护和促进符合生产力发展要求的经济基础的发展；与经济基础不相适应的上层建筑则会破坏或阻碍符合生产力发展要求的经济基础的形成和发展。

经济基础与上层建筑是对立统一的矛盾关系，二者的内在联系决定了上层建筑一定要适合经济基础状况的规律的形成。

经济基础状况不仅决定上层建筑的性质，而且还决定上层建筑的发展变化，上层建筑对经济基础的反作用必须取决于和服从于经济基础的性质和客观要求。经济基础和上层建筑之间的相互作用推动一个社会的经济、政治和文化不断发展和丰富，推动人类社会不断进步。

把生产力和生产关系、经济基础和上层建筑这两对社会基本矛盾结合在一起，就构成生产力——生产关系（经济基础）——上层建筑这一马克思主义分析和认识人类社会的基本理论框架。这三者之间的关系反映了人类社会是不同层面的活动相互联系的、有机统一整体，三者相互作用共同推动了人类社会不断从低级形态向高级形态发展演进。其中，生产力是人类社会存在的基础，人类生存必须以一定的生产力水平为前提，人类社会组织结构的复杂化和高级化是生产力发展的结果。生产力还是人类社会形态更替的最终决定力量，无论是社会经济关系的调整，还是社会政治和意识形态的变化，本质上都是生产力发展的客观要求。所以马克思说："手推磨产生的是封建主的社会，蒸汽磨产生的是工业资本家的社会。"①

---

①《马克思恩格斯文集》第一卷，北京：人民出版社2009年版，第602页。

四、深挖生产活动的起点：社会生产与人类需要的辩证关系

如前所述，人类社会是不断向前发展的，推动它发展的决定性力量是生产力。这就会产生另外一个问题，生产力为什么会不断发展提高呢？

推动生产力发展和提高的具体原因很多，如技术进步、教育文化的发展，甚至新的自然资源的发现，等等。但从最根本上说，推动生产力发展的终极原因是人的需要。马克思说："我们首先应当确定一切人类生存的第一个前提，也就是一切历史的第一个前提，这个前提是：人们为了能够'创造历史'，必须能够生活。但是为了生活，首先就需要吃喝住穿以及其他一些东西。因此第一个历史活动就是生产满足这些需要的资料，即生产物质生活本身……"[①]这段话揭示了一个深刻的道理：对人类需要的满足是人类社会的起点。尽管人类和所有动物一样，要想生存下来，首先要满足吃喝拉撒等基本的生理需求，必须从自然界获取生存资料。但是人类又不同于其他动物，人类具有情感和认知能力等高级心理活动，因而能够超越动物本能，有意识、有目

① 《马克思恩格斯文集》第一卷，北京：人民出版社2009年版，第531页。

的地利用自然进而主动改造自然，更好地满足自身的需要。马克思指出：“一当人开始生产自己的生活资料，即迈出由他们的肉体组织所决定的这一步的时候，人本身就开始把自己和动物区别开来。人们生产自己的生活资料，同时间接地生产着自己的物质生活本身。”[①]马克思这里讲的生产就是人类按照自己的目标有意识地进行的获取生活资料的活动。首先，这种活动是一种集体活动；其次，这种活动是有目标、有组织地进行的。因此，它是一种社会活动，满足的是社会群体的整体需求。

人类的需求不同于动物，不是受限于本能一成不变的，而是随着社会生产的发展不断发展丰富的。人类的需求由低级到高级分为不同的层次。美国著名心理学家马斯洛把人类的需求由低到高分为五个层次：生理（食物和衣服）需求、安全（工作保障）需求、社交（友谊）需求、尊重需求、自我实现需求。人类生产活动优先满足低层次的需求，当低层次需求基本得到满足后，人类才会产生更高层次的需求。

一方面，人类的需要是由社会生产决定的。人类需要的满足程度受到社会生产实际状况的制约，因此，人类的需要会随着社会经济的发展而不断增长。从理论上讲，人类的需要是没有止境

① 《马克思恩格斯文集》第一卷，北京：人民出版社2009年版，第519页。

的，而真正具有现实性的需要是在一定的技术和经济社会条件下有可能得到满足的需要。因此，由技术状况决定的社会生产力水平决定了一个社会在一定时期内能够为社会成员提供的产品和服务的数量和结构，西方经济学把它称为生产可能性边界，这也是一个社会需要满足的边界。如果技术水平提高了，单位时间的劳动能够生产更多的产品和服务，那么生产可能性边界就会向外移动，也就是说，社会需要将得到更大程度的满足。从这个意义上说，人类社会发展变迁的历史就是人类的需求随着社会生产力的发展而不断得到更高程度满足的历史。

远的不说，就拿改革开放40多年来中国人日常生活用品的惊人变化就可以看到这一点。人民群众多习惯用“三大件”代表着比较有档次的生活，年轻人结婚一般都要备齐。改革开放前后的“三大件”是手表、自行车、缝纫机；20世纪90年代，“三大件”变成了彩电、冰箱、洗衣机；进入21世纪，“三大件”进一步升级为汽车、商品房、旅游度假。“三大件”非常直观地反映出改革开放以来中国人民物质生活的巨大改善，这背后是我国生产力水平的快速增长。

另一方面，人类的需要又推动着社会生产不断发展。生产是为了满足需要，任何生产活动，不管其直接目的是什么，最终都是为了满足人们的需要，需要就是生产围绕之旋转的“太阳”。

社会需求的数量和结构决定着社会资源在不同生产部门的配置，社会需求的改变引导着资源和要素在不同生产部门之间的流动。生活需要不仅决定着生产的数量和结构，还在很大程度决定着生产技术的发展方向。恩格斯深刻地指出："社会一旦有技术上的需要，这种需要就会比十所大学更能把科学推向前进。"[①]

这一点在现代社会表现得更加突出。现代科学研究已经成为一种系统的有组织的社会活动，绝大部分研究活动是由政府部门或企业资助的，资助的项目都是直接或间接与社会需要相关的。进入21世纪以来，环境污染和气候变化使人类认识到大量使用化石能源造成的二氧化碳过度排放带来的巨大危害，于是多国努力研究清洁无污染的绿色能源开发技术。在政府政策的鼓励下，光伏发电、风电等新能源技术在短时间内取得巨大突破，新能源汽车取代传统的燃油汽车指日可待。

就一个社会而言，其成员需要的满足程度和结构不仅与它的社会生产力水平有关，还与它的生产关系有着密切的关系。生产关系决定着社会哪个阶级掌握着生产资料，从而决定着社会生产主要为哪个阶级服务。

在资本主义条件下，由于生产资料掌握在资本家手中，其生

---

① 《马克思恩格斯文集》第十卷，北京：人民出版社2009年版，第668页。

产的直接目的是为资本家获取利润，这对社会生产和消费产生了严重的消极影响。首先，利润率偏低的行业资本投入会减少，这经常使得一些事关人民基本生活需要的产品供给不足。例如，在北美和西欧资本主义国家，由于农业生产的利润率较低，私人资本投资农业的积极性不高，只能通过政府补贴来稳定农产品生产和供给。如果没有政府补贴，农产品价格会出现大幅波动，严重影响人们生活。其次，资本主义条件下财富和收入的两极分化导致经济危机和消费的畸形化。一方面，占社会人口绝大多数的工人阶级只能维持基本的生活消费，劳动人民支付能力范围内的需求无法满足是资本主义爆发经济危机的一个重要原因；另一方面，处于收入金字塔顶端的资本家则追求极度奢侈豪华的生活，实质上是一种畸形消费，会在客观上造成社会资源的巨大浪费。再次，资本为了获取利润会通过广告宣传等方式传播错误的消费观念，诱导甚至误导人们的消费，造成需求错位和社会资源浪费。

社会主义条件下的生产以满足全体人民的需要为目的，因此社会生产必须随着人民生活水平的提高而不断发展。在我国社会主义初级阶段，我们坚持以公有制为主体、多种所有制经济共同发展，按劳分配为主体、多种分配方式并存的分配制度，社会主义市场经济体制的基本经济制度，归根结底是为了在发展生产的基础上更好地满足全体人民的需要。在社会主义市场经济条件下，尽管企业仍然以盈利为其直接生产目的，但在市场之外，政府强大的宏观调控能力会引导企业生产与全体人民的需要相协调。

改革开放以来，随着我国社会生产力的快速发展，全体人民生活发生了翻天覆地的变化。在短短40多年时间里，我们不仅彻底解决了温饱问题，而且通过脱贫攻坚，在2021年中国共产党成立一百周年时在中国大地上彻底消灭了绝对贫困，全面建成小康社会。这标志着我们党在团结带领全国各族人民创造美好生活、实现共同富裕的道路上迈出了坚实的一大步。

党的十八大以来，中国特色社会主义进入新时代，我国社会主要矛盾已经转化为人民日益增长的美好生活需要和不平衡不充分的发展之间的矛盾。人民美好生活需要日益广泛，不仅对物质文化生活提出了更高要求，而且在民主、法治、公平、正义、安全、环境等方面的要求日益增长，这要求社会生产必须随着人民群众需要的发展变化做出调整。习近平总书记强调："人民对美好生活的向往，就是我们的奋斗目标。"[①]

党的二十大报告指出，中国共产党的中心任务就是团结带领全国各族人民全面建成社会主义现代化强国、实现第二个百年奋斗目标，以中国式现代化全面推进中华民族伟大复兴。中

① 《习近平谈治国理政》第一卷，北京：外文出版社2018年版，第4页。

国式现代化是全体人民共同富裕的现代化，必须把实现人民对美好生活的向往作为现代化建设的出发点和落脚点。在推进中国式现代化进程中，我们要坚持以人民为中心的发展思想，坚持创新、协调、绿色、开放、共享的新发展理念，着力推动经济社会高质量发展，为满足广大人民美好生活需要创造条件。我们必须坚持在发展的同时努力保障和改善民生，坚持尽力而为、量力而行，着力解决好人民群众急难愁盼问题，不断实现人民对美好生活的向往。

本章小结

人类社会是由不同层次的社会活动构成的有机整体，这些活动形成了不同的社会结构和关系。社会存在和社会意识的关系问题是社会历史观的基本问题，马克思主义强调社会存在决定社会意识，社会意识又具有相对独立性，从而奠定了辩证唯物主义历史观的基础。唯物史观从物质资料生产出发，揭示了人类生产活动的二重关系：生产力是人类利用和改造自然的能力，反映人与自然的关系；生产关系是生产过程中结成的物质利益关系，是社会与人的关系。生产力决定生产关系，生产关系反作用于生产力，二者是辩证统一的关系。一个社会的生产关系的总和构成了该社会的经济基础，在经济基础之上的意识形态以及相应政治法律制度、组织和设施构成了该社会的上层建筑。经济基础决定上层建筑的性质，上层建筑对经济基础具有反作用，二者相互制约、相互促进。生产关系一定要适合生产力状况的规律和上层建筑一定要适合经济基础状况的规律是社会形态发展的普遍规律。

第三章

动力与过程

——推动人类社会发展的主要因素

人类社会最让人惊叹、同时也让人感到迷惑的是，它始终处于变化之中。古往今来，多少文人墨客对此发出浩叹。《红楼梦》中有一首词，道尽了人世沧桑：

> 陋室空堂，当年笏满床；衰草枯杨，曾为歌舞场。蛛丝儿结满雕梁，绿纱今又糊在蓬窗上。说什么脂正浓、粉正香，如何两鬓又成霜？昨日黄土陇头送白骨，今宵红灯帐底卧鸳鸯。金满箱，银满箱，转眼乞丐人皆谤。正叹他人命不长，哪知自己归来丧！训有方，保不定日后作强梁。择膏粱，谁承望流落在烟花巷！因嫌纱帽小，致使锁枷杠；昨怜破袄寒，今嫌紫蟒长：乱烘烘你方唱罢我登场，反认他乡是故乡。甚荒唐，到头来都是为他人作嫁衣裳！

这首词固然有命运难以捉摸的虚无主义的味道，但它确实生动地描绘出人类社会的发展从来也不是直线式的量的增长过程，而是一个起起伏伏的曲折发展过程。那么，人类社会的发展为什么是这样？究竟是哪些因素推动它不断变化发展？

古今中外有不少学者对人类社会的发展动力进行过探索。如中国战国时期的阴阳家邹衍用“五德终始说”解释人类社会的变化。他用土、木、金、火、水五行代表五种德性，根据木胜土、金胜木、火胜金、水胜火、土胜水的特点，认为朝代更替按照这一规律循环往复。他说：“五德从所不胜，虞土、夏木、殷金、周火。”当时的秦国统治者认为自己是水德，崇尚水，因为按照五德始终说，水胜火，这也暴露了秦国的野心。五行中水德对应的标志颜色是黑色，所以秦国从上到下都崇尚黑色。电视剧中的秦国人穿的多是黑色衣服，这符合历史的真实情况。五德始终说包含着朴素的辩证法思想，但它是一种循环论的历史观，这显然是不科学的。

也有学者把思想看作历史发展的动力。英国著名经济学家凯恩斯曾经说过：“经济学家和政治哲学家们的思想，不论它们在对的时候还是在错的时候，都比一般所设想的要更有力量。的确，世界就是由他们统治着。讲求实际的人自认为他们不受任何学理的影响，可是他们经常是某个已故经济学家的俘虏。在空中听取灵感的当权的狂人，他们的狂乱想法不过是从若干年前学术界拙劣作家的作品中提炼出来的。”这种观点有一定道理，但总体看并不正确。一个社会的任何时期都不会只有一种思想观念，那么对社会真正产生重大影响的观念是由什么决定的呢？社会大多数人为什么会接受某种观念呢？这显然不是由思想观念本身决定的，而是与人们所处的经济社会环境有着密切关系。

只有马克思和恩格斯深刻洞察了人类历史发展的内在机制和发展规律，从而找到了人类社会的发展动力。

一、社会基本矛盾：社会发展的根本动力

所谓社会基本矛盾，是指决定一个社会形态的基本性质并推动其发展变化的最根本的矛盾。马克思主义认为，人类社会是一个矛盾统一体，事事有矛盾，时时有矛盾。但在诸多矛盾中，只有极少数矛盾对社会的存在和发展起着决定作用，这就是社会基本矛盾。马克思主义认为，生产力与生产关系、经济基础与上层建筑的矛盾是社会的基本矛盾，这两对矛盾相互作用推动人类社会不断由低级阶段发展到高级阶段。

（一）生产力与生产关系的相互作用推动社会生产活动的变化发展

马克思说："物质生活的生产方式制约着整个社会生活、政治生活和精神生活的过程。不是人们的意识决定人们的存在，相

反，是人们的社会存在决定人们的意识。社会的物质生产力发展到一定阶段，便同它们一直在其中运动的现存生产关系或财产关系（这只是生产关系的法律用语）发生矛盾。于是这些关系便由生产力的发展形式变成生产力的桎梏。那时社会革命的时代就到来了。随着经济基础的变更，全部庞大的上层建筑也或慢或快地发生变革。"[①]马克思的这段话把人类社会的变化发展机理彻底讲清楚了。

在马克思看来，生产力是推动社会发展的最终决定力量，生产力的发展变化推动社会经济结构、政治结构和意识形态发生变化。生产力是一种既得的力量，它是人类以往活动的产物，所以人类只能继承和接受现实的生产力，而无法自由选择生产力。

马克思分析了资本主义条件下决定劳动生产力的因素，如工人的平均熟练程度、科学的发展水平和它在工艺上的应用程度、生产过程的社会结合、生产资料的规模和效能，以及自然条件，等等。从中我们可以看出，生产力的很多因素与人有关，如劳动熟练程度、科技水平及在生产中的应用程度、生产过程的社会结合。人类与其他动物的一个重要区别是具有学习能力，人类不但能够继承前人积累的经验，而且能够在此基础上进一

① 《马克思恩格斯文集》第二卷，北京：人民出版社2009年版，第591页。

步积累和提高。正是人类的知识、经验和技能的不断积累和进步推动了生产力不断发展。从这个意义上，我们可以说生产力具有自我发展的能力。

生产力的发展也不是直线式的量的积累过程，它经常会改变发展方向。如汽车取代马车，就彻底改变了交通运输工具的发展方向。生产力的这种发展会引起人类生产组织形式的改变。例如，马车结构相对简单，生产的规模效益不明显，所以马车的生产不需要规模很大的工厂；而汽车则不一样，汽车的结构要比马车复杂得多，且规模效益明显，所以汽车生产最终是将众多生产环节集中到一个相对狭小的空间，实行流水线作业。这种生产组织方式的改变，也改变了人们在生产中的位置和利益关系，也就是生产关系。

封建社会生产马车的手工作坊中，生产工具比较简单，主要的劳动者是学徒和少量的临时性的帮工，作坊主向学徒传授制作马车的知识和技能，学徒一般提供无偿劳动，学徒和作坊主之间有一定的人身依附关系，这是典型的封建生产关系。汽车生产则体现出完全不同的生产关系。汽车生产环节多，需要的劳动力也多，它的生产最主要是靠标准的、稳定的技术，而不是个别人的生产经验，因此，企业主与劳动者之间不可能再维持作坊主与学徒那样的关系，这种情况下，双方都能够接受的最简单的关系，就是雇佣与被雇佣的关系。企业主给劳动者发工资，劳动者按企业主的要求干活，除此之外双方互不相干。这就是典型的资本主义生产关系。

在现实历史中，新的生产关系取代旧的生产关系往往是一个较为漫长的过程。在这一过程中，新的生产力与旧的生产关系不断发生矛盾，并不断突破旧的生产关系的束缚。

以西欧农村家庭手工业向资本主义性质的手工工场演变为例。西欧封建社会早期，由于商品经济不发达，农民为了满足日常需要，在耕作之余，从事一些家庭手工业，如纺织、酿酒、木工等。有些商品无法自己生产，农民也需要一定的手工产品来交换。此外，农民也需要货币来缴纳捐税，而手工产品比粮食等农产品更容易出售。这样，农村家庭手工业逐步发展起来。最初的农村家庭手工业是半自给自足型的小商品生产，它不以营利为目的，属于封建生产关系的附属物。

随着商品经济的不断发展，农村家庭手工业经常遇到产品销售问题和原料购买问题，于是作为中介人的包买商应运而生。包买商原来是一些商人，他们对市场的销售状况比较熟悉，又了解原料的供应情况。包买商们看到农村的劳动力比城市劳动力便宜，于是他们把原料分发给农村手工业者，让农村手工业者加工，按件付给加工费，然后回收产品，拿到市场上出售。这样一来，农村手工业者的阶级地位便发生了重要变化，他们作为小商品生产者的独立性减少了，对包买商的依赖程度增加了。

随着生产技术的进步，出现了纺纱机、织布机等生产设备，而普通农户买不起这些先进机器，这时候富有的包买商不但像从前那样向农户们供给原料和回收产品，而且还供给生产设备，并以预付货款或贷款形式提供资金，这样，手工业者就不得不接受包买商分派的任务，并且必须按期完成包买商的订货单。特别是当手工业者以贷款形式从包买商那里获得资金时，包买商的控制力更加强了。商业剥削同高利贷剥削结合在一起，把家庭手工业者牢牢缠住，手工业者们的独立地位就此丧失，变成计件取酬的雇佣工人。

与此同时，包买商的地位也发生了变化，不再是活动于流通领域的商人，凭借生产资料的所有权，包买商们成为支配和剥削手工业者劳动的工业资本家。与那些把工人集中于一个厂房之内的手工工场相比，包买商控制的生产活动是分散进行的。包买商可能没有自己的厂房，或者只有较小的厂房，生产主要是在散居的手工业者家中进行的。但分散只是一种表面现象，实际上，家庭劳动已陷入一张无形的蛛网之中，而蛛网则掌握在几个包买商手中。从生产性质上看，这种分散的手工工场与集中的手工工场一样，已经转变为资本主义性质的企业。

总之，生产关系的变革终究是生产力发展的结果，而生产关系的变革又必然会引起上层建筑的变革。

（二）经济基础与上层建筑的相互作用推动社会政治结构和意识形态的变化发展

随着社会生产力的不断发展，社会的经济基础必然随之发生了变化，那么，与之相应的上层建筑迟早会发生变化，这是生产力——生产关系（经济基础）——上层建筑矛盾运动的必然结果。

一个社会生产力的发展意味着社会分工方式的变化。新的社会分工发生后，伴随新生产部门和新产品来到世界上的，不仅有新的职业和新的经济关系，而且还有新的生产方式。在私有制社会中，这同时意味着新的利益分配格局，即新的生产关系的产生。

与新的生产力和生产关系相伴而生的，是新的阶级或新的利益集团。新的阶级虽然是在旧的制度框架内产生的，但它作为先进生产力的代表，本质上是与政治上占统治地位的旧的生产关系存在矛盾的。刚开始时，由于自身力量薄弱，新的阶级不得不接受旧制度的统治和限制。随着新的生产方式的不断发展壮大，新的阶级也不断壮大起来。当它在经济上强大起来后，就要求取得政治上的发言权，并通过政治法律制度承认和保护自己的利益。这导致新的阶级与旧的占统治地位的阶级之间发生利益冲突，表现为新旧阶级之间的阶级斗争。阶级斗争发展的最终结果是社会革命，新兴阶级凭借其在经济上的优势，最终会战胜原来的统治阶级并取而代之。

当新兴阶级推翻旧的阶级统治，控制了国家政权后，就会在自己的意识形态的指导下，废除旧的政治法律制度、组织和机构设施，代之以体现本阶级利益和意志的制度、组织和设施，为新的生产关系的全面发展开辟道路。这样，社会的经济基础和上层建筑就发生了全面变革，社会就由一种形态发展到另一种形态，实现了社会变革。由此可见，社会变革过程是在生产力发展的基础上社会基本矛盾运动的结果。

英国从封建社会向资本主义社会的转变就是这样。从15世纪末开始，随着英国毛纺织业的发展和呢绒出口的迅速增长，羊毛价格不断上涨，贵族地主把农民赶出土地，将土地圈起来用于养羊，这就是“羊吃人”的圈地运动。圈地运动一方面使许多贵族地主转变为资产阶级新贵族，另一方面使大量农民离开土地进入城市，为资本主义的发展提供了廉价的劳动力，推动了英国资本主义性质的工场手工业的快速成长，在城市形成了富裕资产阶级。

随着资本主义势力的增长，新兴的资产阶级与封建专制统治之间的矛盾越来越尖锐。1640年，英国国王查理一世为了征税，重新召开议会。代表资产阶级利益的议会不仅拒绝交税，反而要求限制王权。查理一世将议会解散，这样就引发了英国资产阶级革命。1642年，查理一世发动战争，讨伐议会中的叛乱分子，英国内战爆发，战争最终以国王的失败告终。1649年1月，查理一世被推上断头台，英国进入共和时期，持续了一千多年的封建君主专制制度被推翻。此后几经反复，1688年，英国议会发动“光荣革命”，推翻了国王詹姆士二世的统治，邀请詹姆士二世的女婿、荷兰执政威廉与妻子玛丽共同执政，并通过了《权利法案》，为限制国王的权力、确立议会的权力提供的法律保障，英国由此成为君主立宪制的资产阶级国家。英国资产阶级革命确立了资产阶级在政治上的统治地位，从而为英国资本主义发展扫清了政治法律障碍，英国资本主义因此得到全面发展。

在人类历史上，每一种新社会制度取代旧社会制度，都是生产力与生产关系之间、经济基础与上层建筑之间矛盾运动的最终结果。

二、阶级斗争：阶级社会发展的直接动力

阶级差别、阶级对立和阶级斗争在人类历史上长期存在着，这一点我们从中外历史中很容易就能看到。杜甫的诗句“朱门酒

肉臭，路有冻死骨”大家耳熟能详；“均贫富”差不多是中国古代农民起义的通用口号。只不过在马克思主义诞生之前，人们把阶级现象简单地看作穷人与富人的对立，对阶级和阶级斗争形成的根源及其性质缺乏正确的认识。

承认阶级和阶级斗争的客观存在，并高度评价阶级斗争在人类社会发展中的积极作用，是马克思主义的一个鲜明特色。马克思主义强调，在阶级社会里，社会基本矛盾作用的发挥主要是通过阶级斗争来体现的，阶级斗争是阶级社会发展的直接动力。在《共产党宣言》一开头，马克思和恩格斯就宣布：“至今一切社会的历史都是阶级斗争的历史。”[①]

（一）马克思恩格斯在自己的工作和生活中发现了阶级对立和阶级斗争

马克思和恩格斯在他们革命生涯的早期就注意到社会的阶级分化现象。

马克思1842年在《莱茵报》担任编辑时就注意到普鲁士社会不同等级之间的利益对抗和斗争。在发表于《莱茵报》的文章中，马克思详细分析了不同等级对待新闻出版自由和《林木盗窃

① 《马克思恩格斯文集》第二卷，北京：人民出版社2009年版，第31页。

法》的不同态度。他注意到，不同等级的代表的态度和立场是由他们所属等级的特殊利益决定的，而不是出于国家普遍利益的考量。“一部分由于特殊等级的狭隘性而反对新闻出版，另一部分人则由于同样的狭隘性为新闻出版辩护。”①

特别是在关于林木盗窃法的辩论中，贵族地主等级完全站在自己的利益一边，粗暴地剥夺了劳动阶级的习惯权利，把公共财产变成贵族地主的私有财产，“把穷人的习惯法变成了富人的独占权”②。在这一过程中，马克思清楚地看到不同社会等级之间的矛盾和斗争，他模模糊糊地意识到等级差别的实质是利益差别，等级斗争的实质是利益斗争。虽然等级和阶级这两个范畴在内涵和外延上并不完全一致，但它们具有高度的相似性。马克思也正是通过等级这个范畴认识到阶级和阶级斗争这一社会现象。

1843年10月，马克思移居巴黎后，积极参加工人阶级组织的活动，在这一过程中他感受到工人阶级的强大力量，并认识到工人阶级是推翻资本主义制度、建立共产主义社会的主导力量。在这一过程中，马克思逐步形成了阶级和阶级斗争理论。

1839年，恩格斯发表了《伍珀河谷来信》，这是他发表的第一篇文章。在文章中，恩格斯揭露了伍珀河谷地区工人阶级惊人

① 《马克思恩格斯全集》第一卷，北京：人民出版社1995年版，第198页。
② 《马克思恩格斯全集》第一卷，北京：人民出版社1995年版，第254页。

的贫困状况，这与富裕的工厂主形成了鲜明的对比。恩格斯从中模糊地意识到资本主义制度造成严重的贫富分化。

1842年11月，恩格斯在英国曼彻斯特经商期间，发现英国存在着严重的阶级分化和激烈的阶级斗争。他看到，大工业的发展造就了富裕的资产阶级的同时，也造就了贫困的无产阶级。“工业固然可使国家富庶，但它也造成了勉强餬口的急速增长着的无产者阶级，赤贫者阶级，一个以后再也消灭不了的阶级，因为它永远也不能获得稳定的财产。而且三分之一的人口，几乎是所有英国人数的一半，都属于这个阶级。”①

恩格斯还惊喜地看到，工人阶级通过罢工的方式不断与资本家阶级开展斗争，虽然罢工运动绝大多数都失败了，但工人阶级也并非一无所获，“那就是他们意识到用和平方式进行革命是不可能的，只有通过暴力变革现有的反常关系，根本推翻门阀贵族和工业贵族，才能改善无产者的物质状况”②。

通过对资本主义社会阶级矛盾和阶级斗争的分析，马克思和恩格斯创立了关于阶级和阶级斗争的一般理论。马克思在1852年3月5日致战友约瑟夫·魏德迈的信中总结了自己对阶级理论的贡献：“至于讲到我，无论是发现现代社会中有阶级存在或发

① 《马克思恩格斯全集》第三卷，北京：人民出版社2002年版，第410页。
② 《马克思恩格斯全集》第三卷，北京：人民出版社2002年版，第411页。

现各阶级间的斗争，都不是我的功劳。在我以前很久，资产阶级历史编纂学家就已经叙述过阶级斗争的历史发展，资产阶级经济学家也已经对各个阶级作过经济上的分析。我所加上的新内容就是证明了下列几点：（1）阶级的存在仅仅同生产发展的一定历史阶段相联系；（2）阶级斗争必然导致无产阶级专政；（3）这个专政不过是达到消灭一切阶级和进入无阶级社会的过渡。”①

（二）阶级斗争和社会革命是阶级社会发展的直接动力

列宁给阶级下过一个定义：“所谓阶级，就是这样一些大的集团，这些集团在历史上一定的社会生产体系中所处的地位不同，同生产资料的关系（这种关系大部分是在法律上明文规定了的）不同，在社会劳动组织中所起的作用不同，因而取得归自己支配的那份社会财富的方式和多寡也不同。所谓阶级，就是这样一些集团，由于它们在一定社会经济结构中所处的地位不同，其中一个集团能够占有另一个集团的劳动。”②

列宁这个定义准确地揭示了阶级的几个鲜明特征：

第一，阶级不是一个人或少数人，而是一个集团，是一个群体。这个集团不是任意划分的，而是由其在社会生产过程中所处

① 《马克思恩格斯全集》第四十九卷，北京：人民出版社2016年版，第79页。
② 《列宁专题文集：论社会主义》，北京：人民出版社2009年版，第145页。

的位置决定的，特别是由其与生产资料的关系决定的。例如，在封建社会，那些拥有大量土地，因而可以脱离生产劳动，靠出租收取地租为生的人，构成了地主阶级；而那些只有很少土地或没有土地、必须靠租种地主的土地才能维持生存的人，构成了农民阶级。阶级和阶层不同，阶级是一个政治概念，它的基本划分依据是生产资料的占有关系；阶层是一个社会学概念，它通常以职业特点为划分依据，如白领阶层、蓝领阶层，等等。

第二，阶级是一个利益集团，或者说利益共同体。人类社会有各种各样的集团，有的是因为有共同的宗教信仰而组成，如各种宗教社团；有的是因为由共同的兴趣爱好而组成，如网球俱乐部等。阶级的形成则是由于阶级成员具有共同的经济地位和共同的利益取向。如地主阶级都依靠向农民出租土地、收取地租获得收入。对地主而言，维护土地私有制和地租制度就是他们共同的利益取向。

第三，在阶级社会中，最基本、最重要的阶级关系是占有生产资料的阶级与不占有生产资料、被迫接受占有生产资料的那个阶级的支配和剥削的阶级，即有产阶级和无产阶级的关系。如奴隶社会中奴隶主阶级与奴隶阶级的关系，封建社会中地主阶级与农民阶级的关系，资本主义社会中资本家阶级与工人阶级之间的关系。有产阶级与无产阶级是剥削与被剥削、统治与被统治的关系，这种关系不仅体现在经济领域，而且体现在政治领域。有产阶级和无产阶级之间存在着直接的利益对抗，二者的矛盾总体上是不可调和的对抗性矛盾。

第四，阶级矛盾必然导致阶级斗争。有阶级就有阶级差别、阶级对立和阶级斗争，阶级斗争是阶级社会的必然现象。所谓阶级斗争，就是经济利益根本对立和冲突的对抗阶级之间的斗争。例如，在资本主义社会，资本家阶级靠剥削雇佣工人的剩余价值为生，资本家阶级为了获取越来越多的剩余价值，必然千方百计地加强对工人的剥削。有些手段是比较明显的、直接的，如强迫工人加班、提高工作强度；还有些手段是比较隐晦的、间接的，如通过采用先进技术设备提高工人的工作效率。但无论采取哪一种手段，工人阶级最终都必然会认识到自己的被剥削地位。工人阶级为了维护自己的利益，采取罢工等手段进行反抗，这就是阶级斗争。阶级斗争的形式是多种多样的，其基本形式有经济斗争、政治斗争和思想斗争三种。

第四，阶级不是人类社会的普遍现象，它是生产资料私有制社会的特有现象。阶级的产生是以生产资料私人占有为前提的，因而在共同占有生产资料的社会中，是不会有阶级现象的。原始公有制社会没有阶级，未来的共产主义社会也将消灭一切阶级，它是资产阶级和无产阶级之间阶级斗争的必然结果。

我们前面说，社会基本矛盾是一切社会发展的基本动力。在阶级社会中，社会基本矛盾作用的发挥是通过阶级斗争来体现的。因为阶级斗争的根源在于体现经济利益根本对立的社会基本矛盾。历史上的一切剥削阶级总是凭借他们对生产资料的垄断占有形成的支配和统治地位，残酷压榨被剥削阶级。为了维护其在经济上的剥削和统治地位，他们利用掌握在自己手中的国家政治和法律机构保护现存的生产关系。但是随着生产力的发展，现存的生产关系越来越不适应生产力发展的需要，被剥削阶级与剥削阶级之间的矛盾也日趋尖锐，被剥削阶级就会起来与剥削阶级展开阶级斗争，并最终发展为社会革命，推翻落后腐朽的政治上层建筑，建立新的与生产力发展相适应的政治法律制度，改变旧的生产关系，以促进生产力的发展。由此可见，在阶级社会，生产力的发展和社会形态的变革是通过阶级斗争实现的。所以说，阶级斗争是阶级社会发展的直接动力。

阶级斗争对社会发展的推动作用，既表现在通过社会革命彻底变革社会形态的质变过程中，也表现在同一社会形态下社会局部变革的量变过程中。前者往往是剧烈的、显著的社会变化，如资本主义社会在取代封建社会过程中，大多经历了激烈的暴力革命，英国资产阶级革命如此，法国大革命更是如此。相比而言，局部变革的量变过程往往是相对温和的、不显著的变化，如第二次世界大战后，西欧和北美资本主义国家的工人阶级通过斗争，迫使资产阶级政府建立社会福利制度，在一定程度上保护了工人阶级的利益。从形式上看，这一变化是通过立法形式实现的。

阶级斗争从根本上说，是消灭现存的利益关系，它是通过社会革命实现的。社会革命是指革命阶级取代反动阶级的统治，用先进的社会制度取代落后的社会制度的社会变革过程。社会革命成功的标志是革命阶级掌握了国家政权，按照自己的意志对社会进行改造和管理。列宁指出："无论从革命这一概念的严格科学意义来讲，或是从实际政治意义来讲，国家政权从一个阶级手里转到另一个阶级手里，都是革命的首要的基本的标志。"[①]俄国十月革命推翻了临时政府的反动统治，建立了苏维埃政权，因此它的成功是俄国社会主义革命胜利的标志。同样的，1949年10月1日中华人民共和国的成立，标志着我们建立起工人阶级领导的、以工农联盟为基础的人民民主专政的国家政权，标志着我国新民主主义革命的胜利。

马克思有句名言："革命是历史的火车头。"[②]社会革命是阶级斗争的最高形式，是阶级社会中社会形态更替的决定性环节。离开社会革命就不可能实现社会形态由低级阶段向高级阶段的发

---

① 《列宁全集》第二十九卷，北京：人民出版社2017年版，第137页。

② 《马克思恩格斯文集》第二卷，北京：人民出版社2009年版，第161页。

展。社会革命建立了由革命阶级掌控的国家政权，并利用国家政权的力量彻底清除旧的、落后的生产关系，代之以新的、适合生产力发展需要的生产关系，从而使新的生产关系得到普及和巩固。我国从1952年至1956年进行的农业、手工业和资本主义工商业的社会主义改造，就是利用政权的力量，把不同类型的生产资料私有制转变为社会主义公有制，使中国从新民主主义社会跨入了社会主义社会。总之，利用国家政权的强制力量改造旧的生产关系是社会革命推动社会发展进步的一个重要表现。

社会革命在阶级社会的存在是普遍的，但是革命的具体道路、方式和方法则因国情和时代条件的不同而有所不同，需要实事求是地对具体情况作具体分析。马克思和恩格斯认为，暴力革命是社会革命的基本形式，但他们并不反对通过议会斗争等方式夺取政权。马克思在1880年5月为法国工人党纲领撰写的导言中就提出，为建立生产资料归集体所有的共产主义制度，“就必须使用无产阶级所拥有的一切手段，包括借助于由向来是欺骗的工具变为解放工具的普选权”[①]。

1895年3月，恩格斯在《卡尔·马克思〈1848年至1850年的法兰西阶级斗争〉一书导言》中分析了革命形势的变化，指出在

① 《马克思恩格斯文集》第三卷，北京：人民出版社2009年版，第568页。

当时的德国，工人阶级利用普选权扩大政治影响是“无产阶级的一种崭新的斗争方式”[1]，是德国工人为工人阶级事业做出的重大贡献。他同时指出：“这里斗争的条件毕竟已经发生了根本的变化。旧式的起义，在1848年以前到处都起过决定作用的筑垒巷战，现在大大过时了。”[2]恩格斯针对德国当时的具体情况做出的结论是符合实际的。

然而，德国社会民主党中央机关报《前进报》很快就发表了一篇社论，断章取义地把恩格斯针对德国当时的情况提出的反对使用暴力的策略说成是恩格斯的一般主张。针对这一错误，恩格斯在4月3日给保尔·拉法格的信中作了澄清。他指出：“李卜克内西刚刚和我开了一个很妙的玩笑。他从我给马克思关于1848—1850年的法国的几篇文章写的导言中，摘引了所有能为他的、无论如何是和平的和反对使用暴力的策略进行辩护的东西。近来，特别是目前柏林正在准备非常法的时候，他喜欢宣传这个策略。但我谈的这个策略仅仅是针对今天的德国，而且还有重要的附带条件。对法国、比利时、意大利、奥地利来说，这个策略就不能整个采用。就是对德国，明天它也可能就不适用了。”[3]恩格斯的

① 《马克思恩格斯文集》第四卷，北京：人民出版社2009年版，第545页。

② 《马克思恩格斯文集》第四卷，北京：人民出版社2009年版，第545—546页。

③ 《马克思恩格斯文集》第十卷，北京：人民出版社2009年版，第700页。

观点非常明确地体现了马克思主义在社会革命策略问题上具体问题具体分析的基本原则。

三、改革：社会制度的自我调整和完善

马克思主义认为，人类社会发展是量变和质变相统一的过程。改革是在社会制度范围内的局部调整，是量变的特殊形式，是推动人类社会发展进步的重要力量。中国1978年以来的改革开放充分证明了这一点。

1978年12月18日召开的十一届三中全会是中国历史上一次具有转折意义的伟大历史事件。在这次会议上，中国共产党作出了实行改革开放的历史性决策，中国由此进入改革开放和社会主义现代化建设新的历史时期。改革开放四十多年来，中国在经济社会建设各个方面取得了世所罕见的伟大成就。1978年，中国的经济总量排名世界第十位；到2021年，中国经济总量牢牢占据世界第二。中国改革开放取得的历史性成就充分展示了改革对社会发展的巨大推动作用。

（一）改革是社会制度的自我完善

改革是占统治地位的阶级通过自上而下的体制机制变革，消除上层建筑和生产关系中与生产力发展不相适应的部分，建立适

合生产力发展的体制，以促进生产力的发展。改革是在现有社会制度范围内的自觉调整，是社会制度的自我完善。

改革与革命虽然都是社会基本矛盾发展的结果，都通过改变上层建筑推动生产力发展，但二者有着本质的区别。

首先，改革是在不改变基本制度和社会形态前提下进行的，其目的是维护现有制度，不存在政权更替；而革命是要推翻现有社会制度，国家政权从一个阶级手里转到另一个阶级手里。我国改革开放以来，对经济社会体制进行了一系列重大调整和变革，如用社会主义市场经济体制取代了传统的计划经济体制；农业生产用家庭联产承包责任制取代了集体生产队体制；用公有制为主体，多种经济成分共同发展的所有制结构取代了单一的公有制。这些变革不可谓不大，但它并没有改变公有制的主体地位，没有改变我国的社会主义制度，没有动摇中国共产党的执政地位。恰恰相反，我们通过改革，使社会主义制度得到巩固和发展。

其次，改革是统治阶级进行的自我变革和制度的自我更新，是量变过程，其过程是相对平稳的；革命则是被统治阶级进行的反对统治阶级的斗争，是质变过程，其过程往往是比较激烈的，通常伴随着暴力活动和剧烈的社会变动。改革是统治阶级由于内外压力而进行的主动变革，它是在不动摇统治阶级的地位的前提下进行的，是为了自保，不会改变整体的利益结构，因而其措施是相对温和的，是制度的局部和个别调整。与改革不同，革命是新阶级取代旧阶级，新政权取代旧政权，是社会性质的根本改变，从历史上看，它往往是以鲜血和生命为代价的暴力革命。英国资产阶级革命如此，法国大革命如此，中国旧民主主义革命和新民主主义革命也是如此。

再次，改革是由统治阶级发动的，是自上而下的；而革命是由被统治阶级发动的，是自下而上的，所以是颠覆性的变革。以中国为例。中国历史上几次著名的改革，不管是成功还是失败，都是体制内的高官甚至帝王本人发动的，如商鞅变法不仅商鞅本人担任左庶长，而且得到秦孝公的支持。王莽推动新政时，他本人已经称帝。改革的措施由中央政府以法令的形式发布，由上而下推行。革命则往往是以社会底层的被压迫阶级发动反叛的形式开始的，革命的最终成功表现为革命阶级自下而上夺取国家政权，成为新的统治阶级。

（二）改革是促进生产力发展、推动社会进步的有效途径和手段

改革和革命一样，是解决社会基本矛盾的重要手段。一种社会制度建立后，刚开始是适应生产力发展的。随着生产力的发展，生产关系和上层建筑与生产力变得越来越不适应，但又没有

激化到引起社会革命的地步，这时就有可能通过改革，对生产关系和上层建筑作出局部调整，改变与生产力不相适应的部分生产关系，以及与经济基础不相适应的部分上层建筑，使其满足生产力发展的需要。改革所涉及的领域是很广泛的，包括经济改革、政治改革、文化改革、军事改革等等。

1.改革成功的典型案例：商鞅变法

中国历史上最著名的改革当属商鞅变法。商鞅变法废除阻碍生产力发展的旧制度的残余，顺应生产力发展的要求，使得僻居一隅的秦国从列国纷争中脱颖而出，并最终一统华夏，奠定了中国两千多年的大一统国家的基础。

首先，商鞅变法废除了奴隶制和井田制，承认土地私有化，允许贵族奴隶主出售自己的土地，允许奴隶用自己的积蓄购买土地，这样奴隶的身份就转变为农民，甚至是自耕农，大量荒芜的土地得到耕种。商鞅还实行奖励农耕政策，对于勤奋耕作的农民给予减轻赋税甚至免除赋税的奖励，从而极大地调动了农民生产的积极性。商鞅推行重农抑商政策，加重工商业和非农业人口的税收，并实行粮食高价政策，这些措施有力地促进了农业生产的发展。

其次，商鞅为了加强中央政府的权力，改变了传统的分封制，取消了氏族地主的权力，在秦国推行郡县制，县令郡守均由中央直接任免。为了加强对地方官员的管理，商鞅颁发了“连坐法”，把基层社会划分伍、什、里、乡等单位，要求互相监督，鼓励告发，严惩隐瞒包庇行为。这些改革措施有效地增强了中央政府的施政能力。

再次，商鞅根据当时列国之间战乱不休，军事实力事关国家存亡的现实，彻底废除了传统的世卿世禄制，制定二十级爵的奖励军功制度，根据军功的大小授予爵位和田宅，官吏从有军功爵的人中选用，“有功者显荣，无功者虽富无所芬华”。商鞅的这一改革极大地提升了秦国军队的战斗力，秦国一跃成为列国中军事实力最强的国家。

商鞅变法极大地提升了秦国的经济实力、政治实力和军事实力，为秦国统一六国打下了坚实的基础。

2.改革开放是决定当代中国命运的关键抉择

社会主义是一种全新的社会制度，像历史上的任何社会制度一样，它不可能一步到位，而是要根据具体的生产力状况和社会文化条件的发展变化逐步发展和完善。恩格斯指出：“我认为，所谓‘社会主义社会’不是一种一成不变的东西，而应当和任何其他社会制度一样，把它看成是经常变化和改革的社会。”[①]因

① 《马克思恩格斯文集》第十卷，北京：人民出版社2009年版，第588页。

此，改革是社会主义制度自我完善和自我发展的必由之路。

党的十一届三中全会以来，我们冲破了传统观念和体制的束缚，围绕什么是社会主义、如何建设社会主义等一系列重大问题进行了全新的探索，经过坚持不懈的改革，我们成功走出一条中国特色社会主义发展道路。

习近平总书记在庆祝改革开放40周年大会上的讲话中指出："40年来，我们解放思想、实事求是，大胆地试、勇敢地改，干出了一片新天地。从实行家庭联产承包、乡镇企业异军突起、取消农业税牧业税和特产税到农村承包地'三权'分置、打赢脱贫攻坚战、实施乡村振兴战略，从兴办深圳等经济特区、沿海沿边沿江沿线和内陆中心城市对外开放到加入世界贸易组织、共建'一带一路'、设立自由贸易试验区、谋划中国特色自由贸易港、成功举办首届中国国际进口博览会，从'引进来'到'走出去'，从搞好国营大中小企业、发展个体私营经济到深化国资国企改革、发展混合所有制经济，从单一公有制到公有制为主体、多种所有制经济共同发展和坚持'两个毫不动摇'，从传统的计划经济体制到前无古人的社会主义市场经济体制再到使市场在资源配置中起决定性作用和更好发挥政府作用，从以经济体制改革为主到全面深化经济、政治、文化、社会、生态文明体制和党的建设制度改革，党和国家机构改革、行政管理体制改革、依法治国体制改革、司法体制改革、外事体制改革、社会治理体制改革、生态环境督察体制改革、国家安全体制改革、国防和军队改革、党的领导和党的建设制度改革、纪检监察制度改革等一系列重大改革扎实推进，各项便民、惠民、利民举措持续实施，使改革开放成为当代中国最显著的特征、最壮丽的气象。”①习近平总书记的讲话全面、准确地展示了四十年来中国改革开放的具体历程。

改革只有进行时，没有完成时。近年来，国际形势发生了一系列深刻变化。全球化趋势逆转、中美关系恶化、俄罗斯和乌克兰的军事冲突等，这一切变化对我国未来发展提出严峻的挑战。面对这种局面，我们只有通过进一步改革，着力解决好中国自身的问题，才能在纷繁复杂的国际形势中保持定力，顺利开启全面建设社会主义现代化国家的新征程，向第二个百年奋斗目标进军。

四、科学技术：现代社会的第一生产力

生活在当今世界，人们感受最深的，恐怕就是日新月异的科技进步了。

---

① 习近平：《在庆祝改革开放40周年大会上的讲话》，北京：人民出版社2018年版，第9—10页。

以通信工具为例。20世纪90年代初，我国的大城市才开始普及家庭电话。手机这样的移动通信工具十分稀罕，大部分人只是在港台电视剧里看到过，那时还叫“大哥大”。对大部分中国人而言，书信仍然是常用的联系方式。仅仅30年后，人们的通信方式发生了翻天覆地的变化。手机不仅成为中国人使用频率最高的通信工具，而且通信方式也越来越先进。技术的进步极大地改变了人们的生产方式和生活方式。手机硬件和软件产业已经成为我国的主导产业之一。手机阅读、手机社交、手机游戏、手机购物等与手机相关的活动占据了人们日常生活的相当多的时间。《第十八次全国国民阅读调查》数据显示，2020年中国成年国民人均每天手机接触时长达100.75分钟。

（一）科技革命是推动经济和社会发展的强大杠杆

科学是一种特殊的社会意识形式，是关于自然、社会和人类思维的知识体系。我们提到科学，就常常把它与理论联系起来，因为科学是由一系列概念、判断和推理构成的理论体系。技术是指根据生产经验和自然科学原理而发展出来的各种工艺操作方法和技能。科学是技术的理论基础，技术是科学理论在生产和生活中的运用。我们日常生活中所说的科学技术主要指自然科学及其发展出来的工艺操作方法和技能。

马克思虽然毕生研究社会科学，但他十分重视自然科学和技术的进展，他晚年密切关注电学方面的各种新发现，去世前不久还关注着法国物理学家马塞尔·德普勒发明的远距离输电技术。在他看来，科学技术的进步是一种在社会发展中起推动作用的、革命的力量，因此必须重视科学技术在社会发展中的作用。

科学技术推动社会发展的作用，首先表现在它对社会生产方式的深刻影响上。

科学技术改变了社会生产力的构成要素。在马克思所处的机器大工业时代，生产要素就已经远比传统农耕社会丰富。针对当时的生产力发展状况，马克思指出："劳动生产力是由多种情况决定的，其中包括：工人的平均熟练程度，科学的发展水平和它在工艺上应用的程度，生产过程的社会结合，生产资料的规模和效能，以及自然条件。"[①]从马克思的论述中我们可以清楚地看到，由科学技术发展带来的新生产要素已经广泛地应用于生产过程中，工人的平均熟练程度是指操作机器设备的熟练程度，这主要与工人对相关知识的理解和掌握运用有关。知识虽然是附着在劳动者身上的，但它是一种独立的、非实体生产要素。科学的发展水平和它在工艺上应用的程度反映了科学知识基础上的技术这

① 《马克思恩格斯文集》第五卷，北京：人民出版社2009年版，第53页。

一新生生产要素的重要性，技术也是一种独立的、非实体生产要素，它附着于机器设备或劳动者身上。

在今天，科学技术作为独立要素在生产中的作用越来越突出，因而当今各国政府和企业都十分重视科技研发工作，不断加大研发投入。2020—2021年度，全球研发投入最多的2500家公司总共科研投资金额为9089亿欧元，平均每家投入3.6亿欧元，约合人民币26亿元。研发投入最多的公司是Alphabet（谷歌母公司），研发投入达到224.7亿欧元，约合人民币1620亿元；华为位列第二，研发投入达到174.6亿欧元，约合人民币1259亿元。由此可以看出，一些高科技公司长期居于行业龙头地位，是与它的高强度的科技研发分不开的。

科学技术改变了人们的劳动形式。劳动是劳动者使用劳动工具作用于劳动对象的过程。科技进步不仅提高了劳动者的文化素质、改进了劳动工具，而且扩大了劳动对象的范围，因而改变了人们的劳动形式。近年来，随着自动化技术和人工智能技术在生产中的广泛应用，越来越多的体力劳动被机器所取代，人类的劳动正从以体力劳动为主转向以脑力劳动为主。

科学技术还改变了社会经济结构。这一点从我国的产业结构的变迁就可以清楚地看出来。1952年，中国三次产业的构成中，第一产业（农业）增加值高达50.5%，第二产业（工业）增加值为20.8%，第三产业（服务业）增加值为28.7%，这表明我国是一个落后的农业国家；到1978年，我国三次产业增加值分别为27.7%、47.7%和24.6%，这表明我国已经发展为以工业为主的国家；到2021年，三次产业增加值分别为7.2%、39.3%和53.5%，表明我国已经发展为服务业为主的国家。随着产业结构的改变，我国的就业结构和消费结构等随着发生巨大改变。在这一过程中，科技进步起到决定性的作用。

科学技术推动社会发展的作用，还表现在它对人们生活方式的巨大影响上。以购物方式的变迁为例。在古代，由于交通不便，商业很不发达，人们购买的生产和生活用品绝大多数都是当地生产的，品种和数量都非常有限，典型的商业形式是集市贸易和小杂货店；近代工业革命以来，随着生产力的发展和交通运输手段的变革，商品经济繁荣起来，交易的数量和品种已经大大超越了地域的限制，百货商店、连锁店、超市等商业形式发展起来；进入21世纪以来，随着互联网和信息技术的发展，电子商务异军突起，成为最流行的交易方式。人们坐在家中，轻轻点击电脑或手机键盘，就可以购买到世界各地的产品。2020年，我国电子商务交易突破37万亿元人民币，网络购物用户规模接近8亿。这一变化生动地反映出科技进步对人们日常生活的巨大影响。

科技进步不仅改变了人们的生产方式和生活方式，而且促进了人们思维方式的转变。科技进步使人类对自然界、人类社会以及人类思维方式的认识更加科学，更加全面，这必然会反映在人们的思想观念中。

改革开放之初，邓小平同志就高瞻远瞩地提出“科学技术是第一生产力”的著名论断。进入21世纪以来，全球科技创新空前活跃，对人类生产和生活的影响越来越显著。习近平总书记高屋建瓴地指出：“科学技术从来没有像今天这样深刻影响着国家前途命运，从来没有像今天这样深刻影响着人民生活福祉。”[①]所以，我们在开启全面建设社会主义现代化国家新征程、向第二个百年奋斗目标进军的今天，必须高度重视科学技术研发和高科技人才的培养，把经济社会发展建立在科技进步的基础上。

（二）科学技术是一把双刃剑

科学技术虽然对人类社会的发展进步起到很大的推动作用，但是我们也要看到，它说到底只是认识和改造世界的手段和工具，它的作用的发挥既受到一定客观条件如社会制度、人们的利益关系的影响，也受到一定主观条件如人们的观念和认识水平的影响。如果科学技术得到合理利用，它可以极大地造福人类；相

① 习近平：《努力成为世界主要科学中心和创新高地》，《求是》2021年第6期。

反，如果科技进步利用不当，则有可能给人类社会造成极大危害。典型的例子是原子能，如果用它来发电，它可以减少化石能源的使用，改善地球的生态环境；但如果用它来制造原子弹，那它可能会给人类社会造成灾难性的后果，甚至毁灭人类。

因此，要让科技进步造福人类，必须正确认识和运用科学技术。首先，科学技术的运用必须有合理的社会制度保障。科学技术的应用能够广泛地造福人类，但在资本主义社会中，一些新技术或新产品被个别资本垄断地占有，资本家为了获取超额垄断利润，制定超高的垄断价格，使得广大普通民众无法享受高科技带来的福利。最典型的是一些治疗癌症的特效药，由于价格畸高，普通患者支付不起高昂的医药费而耽误了治疗，甚至失去生命。例如，格列卫是瑞士诺华公司研发的治疗慢性髓性白血病和恶性胃肠道间质肿瘤的特效药。前几年，它在中国一盒定价超过2万元。由于这一药物需要长期服用，正常每月需服用一盒，一年下来的费用超过25万元，远远超过一般人的经济承受能力。

所以，要保证科技进步造福全人类，必须在鼓励技术研发的前提下，采取有效措施限制资本对技术的垄断性占有，防止资本利用技术垄断危害公共利益。

其次，要提升科技伦理治理能力，有效防控科技伦理风险。近年来，一些新的技术突破与人类自身有着直接的关系，如基因编辑技术从理论上可以用来“制造”人或“改造”人；脑机接口技术可能把某个人完全置于另一个人的控制和支配之下。这些技术都可能影响人类的未来，必须谨慎使用。

2022年3月，中共中央办公厅、国务院办公厅印发了《关于加强科技伦理治理的意见》，要求科技活动应客观评估和审慎对待不确定性和技术应用的风险，力求规避、防范可能引发的风险，防止科技成果误用、滥用，避免危及社会安全、公共安全、生物安全和生态安全。这个文件的出台为我国采取措施防范科技伦理风险提供了政策依据，对于保障科学技术的合理运用具有重要意义。

五、人民群众与杰出人物：谁创造历史

社会历史是人的历史，是人类的社会活动过程。每一个人都是社会历史的参与者，但在历史发展中每一个人起到的作用是不一样的。在马克思主义看来，真正创造人类历史的，是人民群众。尽管杰出人物在历史发展中起到重大作用，但他们作用的发挥离不开人民群众。

（一）人民，只有人民，才是创造世界历史的动力

中华文明源远流长，几千年来的历史沿革有非常完整的历

史记载，这在人类文明中社会极其罕见的，也是我们中华儿女引以为傲的伟大成就。然而，我们查阅正史典籍，看到的几乎都是帝王将相、英雄豪杰的身影，而占人口绝大多数的普通民众大都被遗忘于历史之外，沦为“沉默的大多数”。这既与历史书写的特点和局限性有关，更与历史书写者对历史的看法有关。在他们看来，社会是帝王将相、英雄豪杰的舞台，历史是杰出人物的历史，普通民众不过是“群氓”，是杰出人物创造历史的背景。

这是一种片面的历史观，它只看到历史的表面。只有唯物史观深刻揭示出社会历史的本质，阐明人民群众才是历史的真正创造者。

所谓人民群众，是指占据社会主体的劳动群众。这一概念在历史发展的不同阶段包含不同的阶级和阶层。大体上，人民群众是指那些从事生产活动、创造物质财富和精神财富的劳动人口，也就是普通劳动者。人民群众不仅包括从事物质资料生产的劳动者，而且包括绝大部分从事知识生产和知识传播的知识分子。这些所谓的“芸芸众生”虽然绝大多数没有惊天动地的事迹，但是他们的劳动活动构筑了一个社会存在和发展的基础。在马克思主义看来，他们是历史的主人，是社会发展的推动力量。

欧阳修有句名言：“礼义廉耻，国之四维。四维不张，国乃灭亡。”他这句话出自《管子》。那如何让人们懂得礼义廉耻呢？《管子》说："仓廪实而知礼节，衣食足而知荣辱。"这句话揭示了一个很深刻的道理：衣食住行是一个社会的根基，社会文明进步建立在满足衣食住行等基本生活需要之上。那谁来解决衣食住行问题呢？不就是普通的"贩夫走卒"吗？由此可见，古人也知道，人民群众是社会物质财富的创造者。

人民群众不仅是物质财富的创造者，而且是精神财富的创造者。人民群众的精神生活是精神产品创作的源泉。在马克思主义看来，精神产品来源于人民群众的物质生产活动。马克思说："思想、观念、意识的生产最初是直接与人们的物质活动，与人们的物质交往，与现实生活的语言交织在一起的。人们的想象、思维、精神交往在这里还是人们物质行动的直接产物。表现在某一民族的政治、法律、道德、宗教、形而上学等的语言中的精神生产也是这样。人们是自己的观念、思想等等的生产者，但这里所说的人们是现实的、从事活动的人们，他们受自己的生产力和与之相适应的交往的一定发展——直到交往的最遥远的形态——所制约。"[①]马克思的这一观点在我国历史中就可以找到依据。《诗经》是我国最早的一部诗歌集，其中的《国风》就是春秋各国民间诗歌的汇编，很多诗歌是直接反映生产劳动活动的，比如

① 《马克思恩格斯文集》第一卷，北京：人民出版社2009年版，第524—525页。

大家耳熟能详的“坎坎伐檀兮，置之河之干兮”是源自魏国的民歌，“氓之蚩蚩，抱布贸丝”是卫国的民歌。

人民群众还是社会变革的决定力量。从历史上看，社会关系的根本变革，从来也不是哪个帝王将相或英雄人物制造的，而是由无数的普通民众促成的。马克思主义认为，生产关系的变革，社会制度的更替，最终取决于生产力的发展。生产力的发展不是脱离人的活动的自然过程，而是人的实践活动本身。因为生产力当中最活跃、最革命的要素是人，也就是从事生产劳动的人民群众。生产力的发展进步是千百万劳动者通过自己的生产活动实现的。

人民群众不仅推动了生产力的发展，而且推动了生产关系的变革。当生产力的发展超出现有生产关系的容纳范围，是处于生产过程中的人民群众率先尝试引入新的更适合生产力发展需要的生产关系。

19世纪30—40年代，随着西欧国家资本主义经济危机的不断爆发，一些社会民众开始尝试一种新的社会制度——共产主义制度。1844年，恩格斯为了回应那些认为共产主义不可能实现的声音，写作了《现代兴起的今日尚存的共产主义移民区记述》一文，介绍了当时在北美地区和英国的共产主义试验区，总共有数十家之多。除了一些具有宗教色彩的移民区，还有很多是普通劳动者建立的财产公有的公社，如匹兹堡的一个铁工厂厂主希兹比先生在当地买了约四千摩尔根土地，建立了一个以财产公有为基础的移民区；纽约州的斯坎尼艾特勒斯有一个由英国社会主义者约·安·柯林斯和三十个同伴一起创立的移民区。

人民群众还是社会革命的主力军。任何一次推翻旧制度的社会革命，都离不开广大人民群众的积极参与。英国资产阶级革命过程中，克伦威尔组织的以自耕农为主的军队号称铁骑军吃苦耐劳，痛恨封建制度，作战十分勇敢，屡次打败查理一世的军队，为资产阶级革命胜利立下了汗马功劳。1789年7月14日，以普通劳动者为主的巴黎市民攻占了巴士底狱，拉开了法国大革命的序幕。

尽管人民群众是历史的创造者，但我们也要看到，人民群众不可能随心所欲地创造历史，人民群众创造历史的活动脱离不开所处的经济社会环境的制约。首先，生产力的具体状况是人民群众创造历史的物质基础和前提。马克思指出："人们不能自由选择自己的生产力——这是他们的全部历史的基础。"[①]这句话强调了生产力条件对人们创造历史的限制和约束。其次，政治条件对人民群众创造历史的活动也具有直接的影响。在不同的政治制度

① 《马克思恩格斯选集》第四卷，北京：人民出版社2012年版，第408—409页。

下，人民群众的政治地位和享受到的政治权利不同，在政治以及其他领域中创造作用的发挥也不同。再次，精神文化条件也是制约人民群众创造历史活动的重要因素。特定历史时期的人们总是自觉或不自觉地受着该社会的思想文化传统和意识形态的影响。例如，宗教文化和宗教冲突在古代社会对于塑造不同的民族文化和历史发挥了十分重要的作用。直到今天，宗教因素在一些国家仍然扮演着重要角色。

党的十八大以来，以习近平同志为核心的党中央提出以人民为中心的发展思想，作为党和国家一切工作的根本遵循。以人民为中心的发展思想，站在时代和历史的高度，彰显了人民群众在中国特色社会主义实践中的伟大创造作用和主体地位，是对人民群众创造历史这一马克思主义历史观的鲜活运用和创造性发展。

（二）正确理解杰出人物和人民群众的关系

马克思主义在强调人民群众创造历史的同时，并不否认杰出人物对社会历史发展中的重大作用。

所谓杰出人物，是指能够反映生产力发展的要求，顺应时代潮流，代表进步阶级的利益，在社会发展中起到重大推动作用的历史人物。它既包括政治家、思想家、军事家，也包括科学家、文学艺术家等等。

杰出人物在社会发展过程中能够起到普通人无法替代的独特作用，他们往往是某些重大历史事件的直接参与者、策划者。杰出人物具有优秀的个人品质，他们比普通人站得高、看得远，善于把握社会发展趋势，往往是社会进步运动的发起者。他们对社会发展起到重要的促进作用，对历史进程起到加速作用。总之，社会历史发展离不开杰出人物的重大作用。正如马克思所说："每一个社会时代都需要有自己的大人物，如果没有这样的人物，它就要把他们创造出来。"[①]

人类历史上每一个重大转折关头，都会涌现出一批杰出人物，他们的行为深刻地影响了社会的变化发展，在一定程度上决定了历史的走向。如法国大革命时期的拿破仑，他一度率领法国军队横扫欧洲大陆，并在他所占领的地区废除了封建义务，推行具有资产阶级性质的法律。尽管他最终败走滑铁卢，但他的一系列进步行动加速了欧洲由封建社会向资本主义社会的转变。

杰出人物的作用是重大的，但他的作用的发挥终究是顺应历史潮流的结果，他不可能改变历史发展的必然趋势，也不可能摆脱社会历史条件的制约，正所谓时势造英雄。如果违背社会发展潮流，强行发挥个人意志，必然走向失败，也就算不上杰出人

① 《马克思恩格斯文集》第二卷，北京：人民出版社2009年版，第43页。

物了。比如袁世凯是晚清公认的政治和军事强人，也曾为推翻清朝的封建统治作出过重大贡献，但他不顾世界大势，强行复辟帝制，最终落得身败名裂的下场。

杰出人物在社会发展中的重大作用与人民群众创造历史的作用是一致的。人民群众需要杰出人物作为核心和旗帜凝聚力量，引领方向；杰出人物的作用需要通过人民群众的行动来体现和发挥。因此，一个人只有代表广大人民群众的利益、集中群众的智慧、充分依靠群众的力量，才能够影响社会发展，也才能够成为杰出人物。

六、合力论：历史是多种因素共同作用的结果

回顾人类的历史，就会发现，不仅不同时代的人类社会是千差万别的，既是同一时代不同地区的人类社会也是多种多样的。不同的国家，不仅语言和生活习俗不同，而且价值观和人生观也差异颇大。究其原因，就在于决定人类生活发展的因素是复杂多样的。我们上面只是分析了决定和影响人类社会发展的几个最主要的因素，在现实世界中，影响社会发展的因素比我们的分析要多得多、复杂得多。

人类社会的发展是主导因素与非主导因素、必然因素与偶然因素、内部因素与外部因素等多种因素共同作用的结果，因

而具体的历史过程表现出多样性、复杂性。恩格斯形象地把历史发展看做多种因素的“合力”。1886年，恩格斯在《路德维希·费尔巴哈和德国古典哲学的终结》一书中第一次提出“合力”的观点。他说：“无论历史的结局如何，人们总是通过每一个人追求他自己的、自觉预期的目的来创造他们的历史，而这许多按不同方向活动的愿望及其对外部世界的各种各样作用的合力，就是历史。”①

1890年9月，恩格斯在给约瑟夫·布洛赫的回信中详细解释了“合力”的观点。他说：“历史是这样创造的：最终的结果总是从许多单个的意志的相互冲突中产生出来的，而其中每一个意志，又是由于许多特殊的生活条件，才成为它所成为的那样。这样就有无数互相交错的力量，有无数个力的平行四边形，由此就产生出一个合力，即历史结果，而这个结果又可以看做一个作为整体的、不自觉地和不自主地起着作用的力量的产物。因为任何一个人的愿望都会受到任何另一个人的妨碍，而最后出现的结果就是谁都没有希望过的事物。所以到目前为止的历史总是像一种自然过程一样地进行，而且实质上也是服从于同一运动规律的。但是，各个人的意志——其中的每一个都希望

① 《马克思恩格斯文集》第四卷，北京：人民出版社2009年版，第302页。

得到他的体质和外部的、归根到底是经济的情况（或是他个人的，或是一般社会性的）使他向往的东西——虽然都达不到自己的愿望，而是融合为一个总的平均数，一个总的合力，然而从这一事实中决不应作出结论说，这些意志等于零。相反，每个意志都对合力有所贡献，因而是包括在这个合力里面的。”[①] 恩格斯的“合力”论是对社会发展的综合性、复杂性和多元性的生动揭示。

本章小结

在社会发展过程中，社会基本矛盾、阶级斗争和社会革命、改革、科技进步等因素都会发挥重要作用，但每个因素的作用是不同的。社会基本矛盾是社会发展的基本动力，它在任何社会都发挥作用；阶级斗争是阶级社会发展的直接动力，阶级斗争最终导致社会革命；改革是社会制度的自我发展和自我完善；科技革命在当今社会是推动经济和社会发展的强大杠杆。除此之外，还有很多其他因素也在起作用，历史就是所有这些因素的“合力”共同塑造的。但是，不管有多少因素影响人类历史，它们最终都是通过人的活动来实现的。这当中，人民群众的活动起着决定性

① 《马克思恩格斯文集》第十卷，北京：人民出版社2009年版，第592—593页。

作用，人民群众是历史的真正创造者。我们不否认在一些重大历史关头和历史事件中，杰出人物发挥着十分关键的作用，但杰出人物的作用归根结底是通过人民群众的行动来体现的。

第四章

发展与更替

——人类社会的发展路径

一般认为，人类文明诞生于两河流域，距今已经有6000—7000年的历史。在这6000多年时间里，不同地域的人类都经历了无数王朝的兴衰更替，无数国家的诞生和覆灭，但总体而言，人类社会的生产力越来越发达，物质生活越来越富裕，政治法律制度越来越健全，文明程度也越来越高。人类文明既是一个连绵不绝的延续过程，也是不断由低级阶段向高级阶段发展的过程，是连续性和发展性的统一。

一、社会发展的历史阶段：五种社会形态依次发展

马克思主义把迄今为止人类社会发展普遍经历的社会形态由低级到高级划分为五个阶段，也就是五种社会形态：原始社会、奴隶社会、封建社会、资本主义社会、社会主义社会。这一划分是以西欧社会为主要参照物的。世界其他地区的社会发展过程尽管不完全与西欧一致，但大体上都经历与西欧类似的由低级到高级的发展过程。

（一）原始社会

关于人类的起源，主流观点认为，人类大约在距今250万到200万年前由类人猿进化而来。中国发现的“巫山人”化石是境内迄今发现最早的人类化石，距今约214万年。人类社会的第一个阶段是原始社会。

原始社会由于生产力水平低下，人类采取公有制的集体生存方式。生产资料归氏族或部落集体所有，大家共同劳动，产品大体上平均分配。原始社会根据人类使用的工具又划分为旧石器时代、中石器时代以及新石器时代。

旧石器时代大体上从距今约300万年到距今约1万年，这一时期的生产工具主要是打制的石器，比较粗糙。生产活动主要是通过采摘果实、狩猎或捕捞获取食物。人类最初以血缘家族的方式组织起来，家族内部两性有分工，男性狩猎，女性进行采集和抚育小孩。到了旧石器时代晚期，随着生产力的发展，人类转入了相对的定居生活。血缘家族发展为氏族公社，同时形成了族外婚制。互相通婚的两个氏族就形成了部落。我国境内发现距今180万年的西侯度文化和170万年前的元谋文化属于旧石器时代遗址。

中石器时代从公元前1.5万年到距今约8000年，这时人类的工具以石片石器和细石器为主，并广泛使用弓箭。

新石器时代以磨制的石斧、石铲等磨光石器为主要工具，工具的改进使生产力有了很大提高，随之发生了社会分工，产生了农业和畜牧业。中国发现的陕西西安半坡文化、浙江余姚河姆渡文化属于新石器时代的文化遗址。半坡氏族在世界上最早种植粟，河姆渡氏族最早种植水稻。新时期时代，人类由母系氏族逐步过渡到父系氏族，由对偶婚制过渡到一夫一妻制。

新石器晚期出现了青铜、铁器等金属工具。随着生产力的发展，氏族和部落出现了剩余产品，氏族或部落之间的剩余产品交换发展出商业贸易，集体劳动逐渐被个体劳动所取代，由此产生了私有制。部落内部出现了阶级分化，部落首领转变为贵族，部落成员转变为平民。部落战争中被俘的战士不再被杀掉，而是变为奴隶，专门替贵族劳动，贵族也就变为奴隶主。奴隶主、奴隶和平民之间的阶级斗争催生了王权、司法机关和军队等国家机构。

恩格斯指出：“国家是社会在一定发展阶段上的产物；国家是承认：这个社会陷入了不可解决的自我矛盾，分裂为不可调和的对立面而又无力摆脱这些对立面。而为了使这些对立面，这些经济利益互相冲突的阶级，不致在无谓的斗争中把自己和社会消灭，就需要有一种表面上凌驾于社会之上的力量，这种力量应当缓和冲突，把冲突保持在‘秩序’的范围以内；这种从社会中产生但又自居于社会之上并且日益同社会相异化的力量，就是国家。”①

国家的出现标志着原始社会的解体和奴隶社会的产生。

（二）奴隶社会

奴隶社会是人类历史上第一个阶级社会。在世界历史上比较典型的是古希腊和古罗马的奴隶制。在中国，通常认为夏、商、周时期是奴隶制社会。

古希腊奴隶制国家中比较有代表性的是雅典城邦奴隶制。在雅典，社会人群大体分为贵族和工商奴隶主、主要由独立耕作的农民和小手工业者构成的平民，以及奴隶三个阶级。前两个阶级属于自由人，其中只有祖籍在雅典并拥有一定财产，能自备武装服兵役的成年男子才算雅典公民。他们有权参加作为城邦最高权力机关的公民大会，审议决定一切国家大事。所有公民均有参与权、知情权、发言权、选举权和被选举权。由此可见，雅典虽然实行的是民主政治，但只有极少数人享有政治权利。

在雅典，奴隶不但是主要劳动力，而且被看作会说话的工具，是属于奴隶主的财产，没有任何人身权利。奴隶主不但可以

---

① 《马克思恩格斯文集》第四卷，北京：人民出版社2009年版，第189页。

使用奴隶劳动，可以买卖奴隶，还可以出租奴隶获取租金。奴隶的劳动成果全部属于奴隶主，奴隶主只是向奴隶提供最基本的生存资料，保证他们活下去，以便为奴隶主创造更多的财富。因此，奴隶主对奴隶的剥削是直接的、赤裸裸的。

奴隶主对奴隶的非人对待和残酷剥削必然激起奴隶的反抗。马克思指出，以奴隶制为基础的生产是昂贵的，因为“按照古代人的恰当的说法，劳动者在这里只是作为会说话的工具，同牲畜作为会发声的工具，无生命的劳动工具作为无声的工具相区别。但劳动者本人却要让牲畜和劳动工具感觉到，他和它们不一样，他是人。他虐待它们，以狂喜的心情毁坏它们，以表示自己与它们有所不同。因此，这种生产方式的经济原则，就是只使用最粗糙、最笨重、因而很难损坏的劳动工具”[①]。

除了破坏工具，奴隶还直接以暴力反抗的方式反击奴隶主的剥削和欺压。春秋时期诸侯国家就多次爆发奴隶反抗贵族奴隶主的暴动，如公元前641年，梁国的一群被强迫筑城挖沟的奴隶举行了武装暴动，秦国趁机出兵灭了梁国。公元前529年，周王室的大批手工奴隶——“百工”起来反抗周王的残酷压榨，斗争延续了20年，一度赶跑周敬王。

---

① 《马克思恩格斯文集》第五卷，北京：人民出版社2009年版，第229页。

随着生产力的发展，以及奴隶的反抗，奴隶制越来越不适应生产力发展的需要，开始逐步向封建制过渡。在中国，商鞅变法废井田开阡陌、确立土地私有、保护农耕，就是用封建小农经济取代奴隶主庄园制的革命性举措。与中国相似，罗马帝国晚期，奴隶制的庄园经济也逐步被分散的小农取代。恩格斯指出："帝政时期罗马农业的农展，一方面使牧场的面积大大扩展，使乡村人口减少，另一方面则把地产划分成许多小块租地，租给隶农耕种，也就是建立起了依附的小农——后来的农奴的先驱——的细小农户，确立了一种孕育着中世纪生产方式的萌芽的生产方式。"

在中国，秦始皇于公元前221年统一中国后，颁布了"使黔首自实田"的法令，承认土地私有合法化，这标志着封建制度彻底取代了奴隶制。在西欧，随着公元476年西罗马帝国的灭亡，西欧开始向封建制度过渡。公元877年，西法兰克王国加洛林王朝国王秃头查理颁布了《克尔西敕令》，使领地世袭合法化，标志着封建制度的最终确立。

（三）封建社会

封建社会在中国持续长达两千多年。西欧从西罗马帝国灭亡进入中世纪，到1848年欧洲资产阶级革命后封建制度基本退出历史舞台，也持续了将近1400年。尽管二者在政治组织形式上差异颇大，但所有制结构比较相似。

封建所有制的基本特点是，在农村，作为最主要的生产资料的土地，绝大部分归地主（西欧称为领主）所有，地主把土地（西欧称为份地）出租给农民（西欧称为农奴），由农民进行耕种，地主收取地租。作为主要劳动者的农民没有或只有很少的土地，被迫租种地主的土地并接受地主的剥削。农民与地主除了经济关系，还有一定的人身依附关系。在西欧，农奴不能随意脱离自己的领主和份地。但与奴隶不同的是，农民有比较独立的人身权利，还可以拥有自己的财产。

在欧洲的城市中，从事手工业生产的作坊主建立起不同的行会，以阻止外来手工业者的竞争和限制本地同行业的手工业者之间的竞争，单个作坊主必须隶属于某个行会。作坊主自己从事直接的生产劳动，他可以招收学徒。作坊主负责传授学徒手艺，学徒无偿为作坊主劳动，作坊主还可以雇佣少量的帮工。但每个作坊雇佣的学徒和帮工的数量要受到行会的限制。所以，作坊的规模一般都较小。

封建经济大体上是一种自给自足的自然经济，商品交易很不发达。恩格斯对此有过描述：“在中世纪的社会里，特别是在最初几世纪，生产基本上是为了供自己消费。它主要只是满足生产者及其家属的需要。在那些有人身依附关系的地方，例如在农村中，生产还满足封建主的需要。因此，在这里没有交换，产品也不具有商品的性质。农民家庭差不多生产了自己所需要的一切：食物、用具和衣服。只有当他们在满足自己的需要并向封建主交纳实物贡赋以后还能生产更多的东西时，他们才开始生产商品；这种投入社会交换即拿去出卖的多余产品就成了商品。诚然，城市手工业者一开始就必然为交换而生产。但是，他们也自己生产自己所需要的大部分东西；他们有园圃和小块土地；他们在公共森林中放牧牲畜，并且从这些森林中取得木材和燃料；妇女纺麻，纺羊毛等等。”①

到中世纪末期，随着领主与农奴之间矛盾的加剧，大量农奴逃亡到城市，这一方面促进了城市手工业的发展，另一方面也促进了商品经济的发展。随着手工工场规模的扩大，师傅与学徒之间关系也逐步演变为单纯雇佣关系，作坊师傅成为新兴的资产阶级，雇工则成为现代无产阶级。这在城市手工业中就产生了资本主义生产关系。马克思和恩格斯指出：“从中世纪的农奴中产生了初期城市的城关市民；从这个市民等级中发展出最初的资产阶级分子。”②

在西欧，资本主义生产关系的萌芽最早于14—15世纪出现

① 《马克思恩格斯文集》第三卷，北京：人民出版社2009年版，第552—553页。
② 《马克思恩格斯文集》第二卷，北京：人民出版社2009年版，第32页。

在地中海沿岸的意大利城市共和国，到16—17世纪，其中心转移到北大西洋沿岸的荷兰、英国和法国。到19世纪上半叶，随着工业革命的完成，资本主义生产关系在西欧最终确立了统治地位。

（四）资本主义社会

当今世界大多数国家实行的是资本主义制度，所以说起资本主义，大家都不会感到陌生。马克思指出，与以往的社会制度相比，资本主义生产方式具有两个显著特征。

第一，商品经济占统治地位。商品经济是一种十分古老的经济形式，原始社会末期，部落之间就有了商品交换。但是在资本主义以前的社会中，商品经济始终处于附属地位，是自然经济的补充。只有到了资本主义社会，商品生产才成为生产的直接形式，在经济活动中占据统治地位。在资本主义条件下，商品交换关系渗透到日常生活的一切领域，不仅物质产品和各种服务作为商品来生产，而且连文化艺术、学术研究等精神活动和产品也商品化了。不仅土地、资金等生产要素作为商品进行交易，甚至连人本身，也作为劳动力商品进行生产和交易。一句话，在资本主义条件下，社会关系全面市场化了。

第二，剩余价值生产是生产的直接目的和决定性动机。资本主义生产的目的是赚钱，也就是获取剩余价值。资本家要赚钱，必须进行投资，其典型形式是创办企业，投入资本购买机器设备和劳动力等生产要素，进行商品生产。通过雇佣工人的劳动，资本家生产出社会需要的某种商品，并通过销售商品获得收入。正常情况下，企业的收入不仅能够补偿生产过程中消耗的能源、原材料和设备损耗的价值，支付工人的工资，而且还有富余，这些富余的部分就是企业的利润。马克思通过对资本主义制度的深入剖析，揭示了利润的本质是剩余价值，它的真正来源是雇佣工人剩余劳动创造的价值。从形式上看，资本家向雇佣工人支付了工资，似乎工人的全部劳动都得到了报酬。但实际上，工人的劳动创造的价值只有一部分作为工资支付给工人，剩余部分成为资本家的利润。所以，资本主义制度和以往的奴隶社会和封建社会一样，也是一种剥削制度，只不过比其他剥削制度更隐蔽。

资本主义制度从诞生到现在，大体经历了两个发展阶段。

第一个阶段是自由资本主义阶段，起止时间大体上是从17世纪到19世纪末。这一阶段的资本主义企业规模普遍较小，每个行业的企业数量较多，相互之间竞争比较激烈，社会的生产和分配完全靠市场调节，政府基本不干预市场，对经济采取自由放任的态度。这一时期的资本主义处于上升时期，自由竞争促进了技术进步和资本主义生产的发展，但也使生产社会化和生产资料资本主义私人占有之间的矛盾不断激化，引发生产过剩的经济危机。

第二个阶段是垄断资本主义阶段，起止时间大约从19世纪末到现在。垄断资本主义又分为私人垄断资本主义和国家垄断资本主义两个阶段。

从19世纪末到第二次世界大战前是私人垄断资本主义阶段。垄断是自由竞争的必然产物。在资本主义自由竞争过程中，规模较大、实力较强的企业不断吞并弱小企业，导致资本和生产向少数资本家手中集中，这种集中达到一定程度，当单个企业或少数企业联合控制生产和市场，并通过操纵价格获取高额利润时，就产生了垄断。从19世纪60和70年代开始，自由竞争过程中出现了资本向少数企业集中的趋势。到19世纪末20世纪初，随着第二次工业革命的爆发，主要资本主义国家的众多行业被少数企业控制，资本主义由自由竞争阶段过渡到垄断阶段。据1904年的调查，美国390家工业托拉斯，拥有70亿美元的资本，吞并了5300家独立企业；127家公用事业托拉斯，拥有资本130亿美元，吞并了2400家企业。

国家垄断资本主义是垄断资本和资产阶级国家政权相结合的资本主义，即资产阶级国家政权干预和介入经济活动，保障私人垄断资本的顺利发展。19世纪末20世纪初，随着自由竞争的资本主义转变为垄断资本主义，国家垄断资本主义开始萌芽，如德国和日本等国家在基础设施领域建立了一系列国有企业，为私人垄断资本发展创造条件。第一次世界大战及1929—1933年的资本主义经济危机使资产阶级政府干预经济的情况普遍化。第二次世界大战后，由于资本主义的基本矛盾日益深化，国家垄断资本主义迅速发展，成为当代资本主义经济活动的支配力量。国家垄断资本主义的主义形式有：第一，国有企业，即某些私人投资不足的行业由政府投资的企业直接经营；第二，国家与私人共有、合营企业，这也是国家支持某些行业发展的一种方式；第三，国家通过与私人垄断资本的外部合作，如国家向私人垄断企业大量订货、向私人垄断企业提供津贴和补助、国家通过社会福利开支扩大消费需求，为私人垄断企业创造市场条件等；第四，国家对经济进行宏观调节，如国家运用财政政策、货币政策等经济手段调节总需求等；第五，微观规制，主要是国家运用法律手段规范市场秩序，限制垄断，保护竞争，维护社会公众的合法权益，如反垄断和不正当竞争立法，对公益事业收费管制，对食品安全等进行监管等。

国家垄断资本主义虽然在一定程度上缓和了资本主义基本矛盾，但它并没有改变垄断资本主义的性质，它不可能克服资本主义经济危机，2008年席卷全球的金融危机和经济危机充分证明了这一点。总之，国家垄断资本主义不可能改变资本主义被社会主义和共产主义所取代的历史命运。

（五）社会主义和共产主义社会

马克思和恩格斯指出，社会主义取代资本主义是资本主义基本矛盾发展的必然结果，是资产阶级和无产阶级两大阶级之间的阶级斗争的必然产物。社会主义取代资本主义不同于以往的社会变革，它用生产资料公有制取代了人类社会延续了几千年的私有制，为消灭剥削、消除社会贫富两极分化奠定了坚实的基础。

马克思认为，社会主义是共产主义的第一阶段，由于它刚从资本主义脱胎出来，所以带有一定的资本主义的痕迹，而且由于生产力还不够发达，劳动还是谋生的手段，个人消费品只能实现按劳分配的原则。

只有到了共产主义高级阶段，“在迫使个人奴隶般地服从分工的情形已经消失，从而脑力劳动和体力劳动的对立也随之消失之后；在劳动已经不仅仅是谋生的手段，而且本身成了生活的第一需要之后；在随着个人的全面发展，他们的生产力也增长起来，而集体财富的一切源泉都充分涌流之后，——只有在那个时候，才能完全超出资产阶级权利的狭隘眼界，社会才能在自己的旗帜上写上：各尽所能，按需分配！”①

1917年，列宁领导俄国布尔什维克取得十月革命的胜利，在世界上建立了第一个社会主义国家，验证了马克思和恩格斯的预言，开辟了人类历史的新纪元。

第二次世界大战后，众多国家走上了社会主义发展道路，社会主义力量空前壮大，形成了社会主义与资本主义两大阵营竞争、对抗的局面。由于社会主义是一项前无古人的事业，在随后的社会主义建设道路的探索中，一些社会主义国家遭遇了严重挫折。苏联、南斯拉夫解体，东欧社会主义国家转向资本主义，使得世界社会主义运动暂时陷入低谷。但另一方面，中国共产党领导中国人民经过不懈探索，成功走出一条中国特色社会主义道路，在经济社会建设上取得前所未有的伟大成就，充分展示出社会主义制度的优越性，为世界社会主义事业作出了巨大贡献。

世界社会主义运动的实践表明，社会主义取代资本主义的过程不会一帆风顺，它将是一个相当长的历史过程。但社会主义各国的实践，特别是中国社会主义建设的成功实践充分证明，社会主义制度不仅可以消除资本主义制度的各种弊病，而且可以更好地促进生产力发展。因此，社会主义取代资本主义是历史发展的必然趋势。

---

① 《马克思恩格斯文集》第三卷，北京：人民出版社2009年版，第435—436页。

二、历史发展的一般与个别：顺序性与跳跃性的统一

马克思主义关于人类社会发展五种形态的理论是对社会发展道路的一般性概况和总结，是基于社会基本矛盾作用得出的一般规律。在现实生活中，影响社会发展的因素非常之多，有内部因素，有外部因素；有必然因素，有偶然因素，而且随着时间的推移，这些因素本身也在不断变化。所以并非所有的人类社会都严格按照五阶段理论由低级阶段向高级阶段发展，直接越过某一阶段实现跳跃式发展的情况并不鲜见。对此，马克思本人就有非常清醒的认识。

1877年，马克思针对俄国民粹派思想家米海洛夫斯基在俄国发展道路问题上对马克思思想的歪曲，给《祖国纪事》杂志编辑部写了一封信，专门澄清自己的观点。在信中，他批评米海洛夫斯基“一定要把我关于西欧资本主义起源的历史概述彻底变成一般发展道路的历史哲学理论，一切民族，不管它们所处的历史环境如何，都注定要走这条道路，——以便最后都达到在保证社会劳动生产力极高度发展的同时又保证每个生产者个人最全面的发展的这样一种经济形态”[①]。马克思指出，人类社会发展是一个

① 《马克思恩格斯文集》第三卷，北京：人民出版社2009年版，第466页。

十分复杂的过程，极为相似的事变发生在不同的历史环境中就引起了完全不同的结果。因此，要把握社会发展趋势，需要对各种影响因素进行具体深入的研究。“使用一般历史哲学理论这一把万能钥匙，那是永远达不到这种目的的，这种历史哲学理论的最大长处就在于它是超历史的。”[①]

马克思坚决反对机械地、教条地理解他关于社会发展规律的理论，更反对简单地套用这一理论来指导具体的革命运动。1881年2月，俄国社会民主主义活动家查苏利奇写信给马克思，请他谈谈对俄国农村公社命运的看法。因为俄国一些自称是马克思主义者的人宣称说，根据马克思的科学社会主义理论，农村公社注定要灭亡，要被资本主义所取代。马克思对此事十分重视，他在准备回信的过程中草拟了四个草稿。

马克思分析了农业公社在古代西欧普遍消亡的具体原因，他指出：“在古代和现代的西欧的历史运动中，农业公社时期是从公有制到私有制、从原生形态到次生形态的过渡时期。但这是不是说，不管在什么情况下，‘农业公社’的发展都要遵循这条道路呢？绝对不是的。‘农业公社’的构成形式只能有两种选择：或者是它所包含的私有制因素战胜集体因素，或者是后者战胜前

① 《马克思恩格斯文集》第三卷，北京：人民出版社2009年版，第467页。

者。先验地说，两种结局都是可能的，但是，对于其中任何一种，显然都必须有完全不同的历史环境。一切都取决于它所处的历史环境。”[①]上述论断清楚地反映了马克思的态度，即在具体的历史发展过程中，社会的发展道路从来也不是唯一的，必须根据具体情况进行具体分析。

马克思进一步指出：“从理论上说，俄国‘农村公社’可以通过发展它的基础即土地公有制和消灭它也包含着的私有制原则来保存自己；它能够成为现代社会所趋向的那种经济制度的直接出发点，不必自杀就可以获得新的生命；它能够不经历资本主义制度（这个制度单纯从它可能延续的时间来看，在社会生活中是微不足道的）而占有资本主义生产使人类丰富起来的那些成果。”[②]在马克思看来，俄国如果现实条件允许，它可以从古老的农村公社制度跨过资本主义发展阶段，直接过渡到社会主义发展阶段。“它有可能不通过资本主义制度的卡夫丁峡谷，而占有资本主义制度所创造的一切积极的成果。”[③]这就是有名的跨越“卡夫丁峡谷”问题。公元前321年，罗马军队在卡夫丁峡谷被萨姆尼特人击败，罗马战俘被迫从用长矛架起的形

① 《马克思恩格斯文集》第三卷，北京：人民出版社2009年版，第574页。
② 《马克思恩格斯文集》第三卷，北京：人民出版社2009年版，第576页。
③ 《马克思恩格斯文集》第三卷，北京：人民出版社2009年版，第578页。

似城门的“牛轭”下通过，萨姆尼特人用这种方式羞辱罗马人。后来，人们用“卡夫丁峡谷”比喻灾难性的历史经历。马克思在这里用“卡夫丁峡谷”指代资本主义制度。显然，马克思并没有把发端于西欧的资本主义制度看作所有民族和国家都必须完整经历的发展阶段。

从现实历史看，很多国家和地区由于受到多种因素的影响，并没有完整地经历这五个发展阶段。中国就是这样。

中国自秦汉以来，就构建起中央集权的、统一的多民族国家制度，由此进入长达两千多年的封建社会，直到辛亥革命推翻清政府，才进入资本主义发展阶段。从1912年到1949年，我国的资本主义只经历了短短30多年的发展，而且是在战乱频仍的年代。1949年新中国成立后，我国在恢复国民经济的同时，就开始准备从新民主主义阶段向社会主义的过渡。从1952年起，我国就开始通过对农业、手工业和资本主义工商业的社会主义改造，向社会主义阶段过渡。到1956年，这一过渡基本完成，我国进入社会主义发展阶段。总体而言，我国并没有经历完整的资本主义发展阶段。

不仅中国如此，类似的情况在国外也有很多。非洲大陆和美洲大陆的大部分地区在近代以前还处于原始的部落社会阶段。近代以来，西欧国家的殖民活动把这些地区直接卷入资本主义的发展大潮。

既然世界上这么多国家和地区都不是按照五种社会形态的发展模式发展演变的，那反过来是不是说明马克思主义的社会发展五形态理论不符合历史事实，是错误的呢?

实际上，马克思研究人类社会的历史，是从世界历史的总体角度来考察的。尽管他以西欧国家的历史为考察重点，但是他从来也没有局限于西欧国家本身。19世纪50年代，马克思深入研究了资本主义以前的三种以共同体为前提的所有制形式，包括亚细亚所有制（以东方社会为基础的公共土地所有制）、古典的所有制以及日耳曼的所有制；19世纪70年代，马克思为了研究俄国自学了俄语；马克思晚年还研究了印度的历史和美洲原始部落的历史。所以他的社会发展理论是基于对人类历史总体的把握而得出的结论，他依据社会基本矛盾运动规律，运用唯物辩证方法，在世界历史总体基础上深入研究各个具体社会，抽象出反映社会发展一般规律的五种社会形态理论。因此，五种社会形态理论揭示的是人类历史的一般演进道路。

具体到某个国家、某个社会，它在某些特定条件下实现跨越式发展是社会发展的常态。因为它完全可以吸收先进国家已经经过几百年甚至上千年发展创造出的先进经验和技术，直接越过其他国家上千年的发展历程，跟上历史发展的潮流。这种情况在历史上屡见不鲜。如美洲印第安原始部落在西欧资本主义国家殖民活动的影响下，直接从原始社会过渡到资本主义社会；中国人民在中国共产党的领导下走上社会主义发展道路，也是接受马克思主义这一人类社会科学最优秀成果的指导，借鉴和吸收俄国十月革命和社会主义建设成功经验的结果。

人类社会发展过程是总体上的顺序性和具体国家和地区的跳跃性的统一。因此，在研究和认识人类社会历史时，既要避免不顾具体条件，简单地套用历史模式、教条地理解某些具体的社会历史现象的倾向；也要克服缺乏整体视野、过分强调局部细节的特殊性而无视历史发展大势的弊端。

三、历史发展的辩证法：前进性与曲折性的辩证统一

纵观几千年的人类历史，无论从哪个方面看，其前进和上升的趋势是十分明显的，但这一过程不是直线式的，其中充满了起伏曲折，有时出现停滞，甚至倒退，这就是历史发展的辩证法。

社会发展是一个连续的过程，今天的社会是在昨天的基础上发展而来的，社会发展的延续性和累积性决定了社会发展的总体方向是前进的、上升的。首先，人类的生产技术和经验是不断积累和进步的，这一点决定了人类的生产力水平会随着时间的推移而不断提高。这一点我们从农业生产工具的演变就可以看得很清

楚。从原始部落的刀耕火种，到传统农业的锄头镰刀，到机械化时代的拖拉机、播种机和收割机，再到今天的生物育种和设施农业，技术的进步极大地提高了粮食产量，使地球养育的人口数量不断增长。据联合国统计，1950年，世界人口约为25亿；到1999年，世界人口达到60亿；到2011年，世界人口突破70亿。尽管人口的过快增长给地球的资源环境带来很大压力，但也从一个侧面反映出人类社会生产力的巨大进步。

生产力的发展不仅为人类提供了更为充裕的物质资料，而且推动社会关系不断发展进步。从原始部落杀害战俘到把战俘变为奴隶，这本身就是一种进步。从奴隶制到封建制再到资本主义制度，尽管都属于剥削制度，但劳动者的人身自由和权利越来越得到保障。

从政治层面看，人类社会也经历了巨大的进步。从过去的国王和皇帝等专制君主一个人决定国家的重大政策，掌握千百万臣民的命运，到今天的中国特色社会主义条件下实现了全过程民主，人民真正成为国家的主人，这是天翻地覆的变化。

从精神文化生活层面看，人类社会也在不断进步。在近代以前，人类的精神生活大多与宗教活动联系在一起，人的思想观念受到极大的束缚，普通人的文化生活十分贫乏。近代以来，随着技术的进步，书籍、电影、电视乃至今天的互联网等大众传播媒介的飞速发展极大地拓宽了人们的视野，各种文化之间交流碰撞不断地丰富人类的精神生活。

但是，人类的进步过程不是一帆风顺的，其间充满了曲折和反复。究其原因，在于影响和决定人类社会的因素是多种多样的。这些因素在不同的时间和地点可能会造成不同的影响，从而使得经济社会发展表现出复杂性。

在阶级社会，统治阶级与被统治阶级之间的阶级斗争是推动社会发展的直接动力。但是作为先进阶级的被统治阶级与落后的统治阶级之间的斗争是一个复杂的过程，其间经常出现反复。例如，中国历史上的多次农民起义并没有改变中国的封建制度，反而由于战乱导致人口大幅减少，生产力发展遭到严重破坏。东汉末年的黄巾起义以及随后的军阀混战导致人口大量死亡，以至于曹操发出“白骨露于野，千里无鸡鸣”的悲叹。

西方世界也是如此。罗马帝国在人类历史上创造了辉煌的文明，其版图曾经横跨亚非欧三大洲。但随着西罗马帝国灭亡，帝国的大部分版图被西哥特人、汪达尔人、法兰克人、勃艮第人等蛮族部落瓜分占领，经济社会文化都陷入长期衰退。法国大革命推翻了波旁王朝的封建统治，但随着拿破仑战争的失败，波旁王朝出现了短暂的复辟。

现代资本主义社会经济运动表现出明显的周期性波动，这是资本主义基本矛盾作用的必然结果。由于生产资料的资本主义私人占有与社会化大生产的要求不相适应，从社会层面看，资本主义生产呈现出明显的无政府状态，而追求剩余价值的资本主义生产目的促使资本家不断扩大生产规模，导致社会生产超过了有支付能力的需求，爆发生产过剩的经济危机。危机过后整个社会生产处于低迷状态，进入萧条阶段。当剩余产品逐步被消化，社会需求渐渐得到恢复时，资本主义经济进入复苏阶段；随着经济的复苏，社会就业率增加，人们的收入和消费随之增加，社会需求明显回升，企业为了改进生产，加速进行固定资本更新，从而进一步增加了社会需求，于是经济发展进入高涨期。但是很快，社会生产再次超过有支付能力的需求，于是又一次爆发生产过剩的经济危机。

经济危机的爆发会加剧政治矛盾和其他社会矛盾，所以经济危机往往引发政治危机和社会危机。1929年爆发的资本主义世界经济危机在德国导致严重的政治危机，以阿道夫·希特勒为代表的纳粹势力乘机登上政治舞台。1933年1月，希特勒被任命为德国总理。1934年，时任德国总统兴登堡去世后，希特勒把总统、总理、三军最高统帅的职务集于一身，废止了魏玛宪法，建立了独裁政权，并开始扩军备战，并最终发动了第二次世界大战，把大半个地球卷入战火之中，使人类遭受了空前的劫难。

人类社会发展的前进性和曲折性的统一，是社会发展的辩证法的体现。按照唯物辩证法的观点，社会发展是一个新事物不断否定旧事物的过程，但这种否定是辩证的否定，即新事物不是把旧事物完全抛弃，是既克服又保留，是扬弃。新事物在抛弃旧事物中落后的部分的同时，也继承了旧事物中的积极的部分。因为有继承，所以社会发展表现出一定的连续性；因为既有克服、又有更新和发展，所以社会发展表现出一定的曲折性。这种曲折是前进中的曲折，是螺旋式上升、波浪式前进。俗话说，好事多磨，说的就是这个道理。

社会主义取代资本主义是人类社会发展的重大转折。马克思把社会主义和共产主义之前的社会称为“人类社会的史前时期”①，因为在这些社会中，人都没有实现全面自由发展，只有社会主义和共产主义把每个人的全面自由发展作为自己的目标。从这个意义上说，社会主义是人类社会发展的一次重大飞跃，开辟了人类历史的新纪元；也正因为如此，社会主义建设需要我们进行全新的探索，在这一过程中遭受挫折是很正常的。无论如何，社会主义代表了人类发展的方向。尽管这一前进道路是曲折的，但我们毫不怀疑，它的前途是光明的。

① 《马克思恩格斯文集》第二卷，北京：人民出版社2009年版，第592页。

本章小结

唯物史观科学阐明了人类社会发展的一般过程和阶段，指出人类社会是由低级阶段向高级阶段不断发展的过程。到目前为止，人类社会的发展一般经历原始社会、奴隶社会、封建社会、资本主义社会和社会主义社会五个阶段。由于影响人类社会发展演变的因素很多，具体到某个社会，其发展过程完全可能并不经历完整的五个阶段，出现跳跃性，即跨过某一个或某几个发展阶段直接进入更高级的发展阶段。人类社会发展的大方向是不断前进的，这从根本上是由生产力的发展决定和推动的，但具体到某一时期，由于反动力量暂时处于上风，社会完全有可能出现停滞甚至倒退，表现为社会发展的反复性和曲折性。因此，人类社会的发展是顺序性和跳跃性的统一，前进性和曲折性的统一。这就是历史发展的辩证法。从这个意义上说，我们学习和理解人类历史，要充分认识到人类历史的复杂性和多样性，不能简单地、教条地用理论去裁剪历史。

第五章

时代价值

——人类社会发展规律的现实意义

人类进入21世纪以来，全球科技创新进入空前活跃的时期，以新一代信息技术、人工智能、生物医药和新能源技术为代表的新一轮科技革命不仅有力地推动全球产业变革，重塑全球经济结构，而且深刻地影响全球政治格局和人们的思想观念。近年来，随着中美关系出现波折、俄罗斯与乌克兰爆发军事冲突，国际经济政治进入动荡转折期。在错综复杂的国际形势面前，我们必须科学运用马克思主义关于人类社会发展规律的理论，深入分析具体情况，准确判断和把握发展大势，才能透过纷繁复杂的现象抓住历史发展的本质，才能坚持社会主义理想信念，坚定不移地沿着中国特色社会主义道路继续前进。

一、和而不同：正确认识和处理社会主义与资本主义的关系

在人类历史上，不同社会制度的国家或地区并存是一种普遍现象，妥善处理不同社会制度之间的关系是国际关系的一个重大课

题。整个20世纪的主旋律就是社会主义与资本主义这两大制度之间的相互竞争、相互对抗又相互借鉴、相互合作。进入21世纪后，人类社会面临百年未有之大变局，资本主义和社会主义两大制度的关系也在经受一系列新的考验。在新的历史条件下，我们需要正确认识和妥善处理社会主义和资本主义的关系，推动两大制度和平竞争，合作应对人类面临的共同挑战，加快构建人类命运共同体。

（一）现时代社会主义与资本主义是既竞争又合作的关系

21世纪前20年的历史表明，社会主义与资本主义两大制度的并存共处、竞争合作是当今时代的重大主题之一。

一方面，尽管资本主义制度的腐朽性决定了它总体上在走下坡路，但就目前而言，无论在经济上还是在政治上，资本主义在全球范围内仍然占据优势。习近平总书记深刻指出："以西方国家为主导的全球治理体系出现变革迹象，但争夺全球治理和国际规则制定主导权的较量十分激烈，西方发达国家在经济、科技、政治、军事上的优势地位尚未改变。"[①]因此，资本主义制度作为一种成熟的且具有一定的自我调适能力的制度体系，在一定时期内仍然能够存在并继续发展。具体表现在：

---

① 习近平：《习近平谈治国理政》第二卷，北京：外文出版社2017版，第212页。

第一，欧美发达国家的科技创新能力仍然很强，经济发展水平和劳动效能仍在提高。2000年，西方七国集团的GDP总量为21.38万亿美元，2021年为38.31万亿美元，虽然增长速度并不快，但其经济仍在向前发展。尤其是在高科技产业领域，发达国家仍然占据十分明显的优势，它们凭借技术优势，仍然能够获取超额垄断利润，从而维持资本主义制度的运行。

第二，资本主义制度仍具有一定的适应性。在社会化大生产、新科技革命、经济全球化以及与社会主义国家竞争的压力推动下，资本主义国家借鉴社会主义的一些做法对资本主义经济运行机制和管理体制进行了一定程度的调整，具体表现为资本的社会化、企业管理民主化、经济的计划化以及社会保障加强等方面。这些新变化是对资本主义经济基础和上层建筑的有限调整，尽管它没有改变资本主义生产关系的基本性质，但在一定程度上缓和了资本主义基本矛盾和阶级矛盾，在一定范围内扩大了资本主义的发展空间。

第三，当代发达资本主义国家已经进入“后工业社会”，服务业日渐成为国民经济的主导产业。伴随着产业结构的升级，工人阶级内部结构也发生了较大变化。传统产业工人大幅缩减，知识工人成为最大职业群体。蓝领工人在减少，白领阶层在增加。工人阶级的收入水平有较大提高，出现了所谓的“中间阶层”。发达资本主义国家工人阶级工作条件和生活条件的改善也在一定程度上缓和了阶级矛盾。

另一方面，世界社会主义运动正逐步走出低谷，走向复兴。进入21世纪，中国特色社会主义事业蓬勃发展，成为世界社会主义运动的主导力量。除中国之外，世界其他地区的社会主义运动也在向前发展。与20世纪相比，当代世界社会主义运动的思想来源日益多元化，对社会主义的认知更具民族特色和时代特色。当今的世界社会主义思潮除科学社会主义外，还存在民主社会主义、生态社会主义、民族社会主义等各种社会主义思潮和运动。而当今世界社会主义的实践形式则越来越多地表现出民族或地域特点，和中国一样，各国都在探索具有本国特色的社会主义。如越南共产党把“胡志明思想”作为自己的指导思想，同时强调“革新”对坚持和完善社会主义制度的重要意义；古巴共产党则在“不放弃革命原则、不放弃人民政权、不放弃为人民造福”的“三项原则”下，采取灵活政策，根据国内环境特点探索社会主义建设的新途径；委内瑞拉总统查韦斯声称，“崭新的、委内瑞拉特色的社会主义”，是“原生的社会主义，印第安人的、基督徒的和玻利瓦尔的社会主义”；欧洲中左翼政党的主张则是带着深刻的基督教文明的烙印。①

---

① 王怀超：《当代世界社会主义运动发展的新特点、新趋势》，《中共宁波市委党校学报》2018年第2期，第5—14页。

近年来，世界各国共产党的力量总体上在不断壮大。截至2014年底，世界上90多个国家和地区共有170多个共产党组织，其中130个为合法政党，其余40个或非法、或不常活动。其中共产党执政的国家有5个：中国、朝鲜、越南、老挝、古巴。共产党参与执政、地方执政有议席的约有25个。全球共产党员约有1亿零100万名，其中共产党执政国家的党员有9700多万人，非共产党执政国家有共产党员400多万名。[①]

当今时代是资本主义力量逐步下降和社会主义力量逐步上升的时期，但这种新旧力量的交替将是一个相当长的历史时期。在这一时期内，两种社会制度将长期并存，双方既有竞争和对抗，也需要在一定条件下合作解决共同面对的问题。

21世纪社会主义与资本主义的关系集中体现在中国与美国的关系上。

一方面，以中美两个大国为代表的两种制度之间的竞争正在各个领域展开。2017年美国总统特朗普上台后，从根本上调整对华政策的基调。他以强硬的经贸政策为重点，给中国施加巨大的压力，挑起中美贸易摩擦；以南海、台海为安全战略机动方向，对中国施加军事压力，从而开启了对中国的全面战略竞争。2021

① 刘淑春：《当前世界各国共产党的发展态势》，《领导科学论坛》2016年第16期，第67页。

年拜登总统上台后，大体上延续了特朗普的对华政策，并再次打起“自由、民主、人权”的旗帜，加强了意识形态攻势。不仅如此，美国还联合欧盟和澳大利亚、日本、印度等国家，在科技、经济和军事上加大对中国的封锁和围堵。在未来一段时间，中美两国的全方位竞争大概率会延续下去，甚至有进一步升级的风险。尽管当今世界资本主义在总体上占据优势，但中国的巨大成功不断增强社会主义制度在全球的吸引力。我们可以预见，社会主义和资本主义的较量将是一个长期的、历史性的过程。

另一方面，中国和美国的相互交流和合作，有利于促进双方的利益。首先，在经济上，中美两国都有各自的比较优势。例如，中国有全球最完善的制造业体系，能够有效地降低生产成本，而美国是技术研发和创新能力最强的国家，通过双方的贸易往来，可以放大各自的优势，中美两国都从中受益。其次，当今世界人类面临的一系列重大挑战需要所有国家，特别是中美两个大国通力合作才能妥善应对。在气候变化、能源安全、公共卫生、打击恐怖主义和宗教极端主义势力等方面，中美存在着广泛的合作空间。例如，在气候变化问题上，2015年12月12日，中美两国携手推动《联合国气候变化框架公约》近200个缔约方在巴黎气候变化大会上达成《巴黎协定》，为控制碳排放、减缓地球气温升高给人类生存带来的威胁作出了重大贡献。

总之，社会主义和资本主义是对立统一的矛盾关系，双方既有竞争和对抗，也有交流和合作，这是两种不同社会制度并存的正常状态。在人类进入高科技时代的今天，不同制度的国家合作的空间远大于对抗的空间，所以双方应该求同存异，和平竞争，努力寻求最大公约数，合作构建人类命运共同体。

（二）社会主义在与资本主义的竞争中终将占据上风

我们说社会主义和资本主义的竞争是一个长期的过程，并不意味着这两种制度高下难分，胜负未定。历史唯物主义告诉我们，社会主义是比资本主义更先进、更优越、更适合人类发展需要的制度，所以它最终必然会取代资本主义制度。正如马克思和恩格斯所指出的那样，“资产阶级的灭亡和无产阶级的胜利是同样不可避免的”[①]。

社会主义制度比资本主义制度的优越性主要表现在以下几个方面。

首先，在政治上，社会主义坚持共产党的集中统一领导；坚持人民当家作主，紧紧依靠人民推动国家发展；坚持全面依法治国，切实保障社会公平正义和人民权利；坚持全国一盘棋，集中

---

① 《马克思恩格斯文集》第二卷，北京：人民出版社2009年版，第43页。

力量办大事。社会主义制度着眼于全体人民的利益，并通过党的领导把全体人民的意志和力量集中起来，因而能够解决资本主义制度无法解决的问题，像中国的脱贫攻坚行动、推动实现共同富裕等是资本主义国家永远也无法做到的。资本主义国家的多党政治表面上看起来很民主，但本质上是资产阶级不同利益集团“轮流坐庄”，不仅无法反映劳动人民的利益和愿望，反而因为严重的内讧大大降低了行政效率。

其次，在经济上，社会主义国家坚持公有制为主体，同时根据生产力的具体情况灵活地多实行种所有制经济共同发展；在收入分配上坚持按劳分配为主体，首先保障广大劳动人民的利益，同时根据发展的需要实行多种分配方式并存；在经济运行方式上，把社会主义制度和市场经济有机结合起来，从而兼具国家调控和市场低成本配置资源的双重优势。这样就把公平与效率有机地结合起来，在促进经济社会发展的同时避免了资本主义社会的两极分化。

最后，在意识形态上，社会主义坚持共同的理想信念、价值理念、道德观念，弘扬社会主义先进文化，促进全体人民在思想上精神上紧紧团结在一起，从而大大增强了国家整体的凝聚力和向心力，形成全社会同心同德、乐观向上的精神风貌，这与资本主义过分强调个人主义造成的人自为战、腐朽颓废的精神文化形成鲜明的对比。

改革开放以来，中国找到了符合自己国情的社会主义道路，从而使社会主义制度的优越性充分发挥出来。中国经济社会发展的伟大成就有力地证明，社会主义代表人类进步方向，社会主义制度优越于资本主义制度，并终将战胜资本主义制度。

二、资产阶级的盲目乐观："历史终结论"的破产

1989年，日裔美籍政治学家弗朗西斯·福山在《国家利益》杂志发表题为《历史的终结？》的文章，宣称自由民主制度作为一种政体其合法性在全世界范围内得到广泛承认，它最终战胜了其他与之相竞争的各种意识形态，如世袭的君主制、法西斯主义以及共产主义。不仅如此，他进一步认为自由民主制度是"人类意识形态发展的终点"和"人类最后一种统治形式"，并因此构成"历史的终结"[①]。福山所说的自由民主制度其实就是资本主义制度。在他看来，在人类的制度竞争史中，资本主义取得了最后的胜利。资本主义自由民主制度将成为人类制度最后的、永恒的形式。

福山的"历史终结论"甫一提出就引起广泛的争论，受到众多学者的批评。作为回应，他于1992年出版了《历史的终结及最后之人》一书，为自己的观点进行辩护。他指出："历史终结并不是

---

① ［美］弗朗西斯·福山：《历史的终结及最后之人》，黄胜强等译，北京：中国社会科学出版社2003年版，第1页。

说生老病死这一自然循环会终结，也不是说重大事件不会再发生了或者报道重大事件的报纸从此销声匿迹了，确切地讲，它是指构成历史的最基本的原则和制度可能不再进步了，原因在于所有真正的大问题都已经得到了解决。”[1]显然，在福山看来，资本主义不仅解决了自身的矛盾，而且解决了人类社会的基本矛盾和问题。

福山的“历史终结论”对资本主义制度表现出超级自信，这一自信主要基于20世纪80年代末90年代初柏林墙倒塌、社会主义的民主德国（东德）被资本主义的联邦德国（西德）统一，以及随后的苏联东欧社会主义制度垮塌这一事实。事实上，福山的“历史终结论”绝不仅仅是一种学术观点，它代表着资产阶级当中普遍存在的一种乐观情绪。在这些人看来，资本主义和社会主义经过将近一个世纪的较量，终于见了分晓。在他们眼里，苏联的解体标志着社会主义制度的彻底垮台。于是他们急匆匆地宣布，社会主义和资本主义的竞争以社会主义失败而告终。

然而，他们的话音未落，现实就无情地粉碎了他们的幻想。2008年席卷整个资本主义世界的金融危机和经济危机给世界经济造成巨大的损失，也暴露了资本主义制度难以克服的痼疾。经济危机使美国等国的许多大公司濒临破产，经济萎靡不振，失业率

①［美］弗朗西斯·福山：《历史的终结及最后之人》，黄胜强等译，北京：中国社会科学出版社2003年版，第3页。

居高不下，社会贫富分化进一步加剧，而经济危机期间政府的经济救助大部分进入大公司的钱包，引发广大劳动人民的强烈不满。2011年9月，美国发生“占领华尔街运动”，成千上万的示威者占领华尔街，抗议美国政治的权钱交易、两党政争以及社会不公正。正如一名“占领华尔街”示威者所言：在美国，1%的富人拥有着99%的财富。我们99%的人为国家纳税，却没有人真正代表我们。华盛顿的政客都在为这1%的人服务。

与此同时，在太平洋对岸的中国，经济社会正呈现出蓬勃发展的繁荣景象。进入21世纪以来，在中国共产党的领导下，中国的经济社会建设取得辉煌的成就，综合国力得到极大提升。2000年，中国GDP位居世界第六；2005年超过法国，居世界第五；2006年超过英国，居世界第四；2007年超过德国，居世界第三；2010年超过日本，居世界第二。中国经济社会发展的巨大成就充分展示出社会主义制度的巨大优越性和强大生命力。

福山的“历史终结论”遭到事实的无情打脸，到最后连他本人也没有那么笃定了。2012年5月，福山在《未来是谁的？》一文中对中国与美国的国家治理做了对比，他说：“当下值得关注的是中国，中国领导人的政治能力惊人，他们将华夏大地从苏联式的中央计划经济时代带到了动力十足的开放市场时代，从而完成了一场极为复杂的社会转型。坦率地说，美国领导人最近在处理宏观经济政策问题上所展现出的能力弱于中国政府。最近许多人称羡中国体制并不仅是因为它所取得的经济成就，也包括这个国家能够迅速地做出体量庞大而复杂的决策，这与欧美国家在过去几年间持续的、令人沮丧的政策形成鲜明的对照。甚至，经济危机之后，中国开始大力推销‘中国模式’，将其作为自由民主的一个替代方案。”[①]显然，这时的福山已经没有原来那么自信了。

2022年3月30日，英国政治杂志《新政治家》刊登了对福山的专访文章，福山承认，自己写下“历史终结论”时没有想到西方政治会出现倒退，当今走向极端化和分裂的美国政坛正在削弱西方的自由主义。

“历史终结论”的错误，不仅仅是因为它的观点被事实否定，更是由于它的理论本身就存在着致命的缺陷。

福山声称，他的观点受到黑格尔和马克思的启发。在他看来，“黑格尔和马克思都曾相信，人类社会的发展是有终点的，会在人类实现一种能够满足它最深切、最根本的愿望的社会形态后不再继续发展。这两位思想家因此断言，会有‘历史的终结’阶段。黑格尔将‘终结’定位于一种自由的国家形态，而马克思

① 陈学明、李先悦：《福山的“历史终结论”的终结说明了什么》，《马克思主义理论学科研究》2017年第1期，第103页。

则把它确定为共产主义社会”[①]。

我们姑且不论福山对黑格尔的理解是否正确，单就他对马克思的理解而言，是完全错误的。作为辩证法的大师，马克思没有也不可能提出“历史终结”这样的形而上学的论断。

在马克思看来，世界是一个不断变化发展的过程，其变化发展的基本动力是生产力与生产关系、经济基础与上层建筑之间的矛盾运动。其中，生产力是社会发展的决定性力量。生产力发展变化了，生产关系以及相应的其他社会关系必然随之发生改变，整个社会形态也就随之改变。生产力运动是一个自我累积、不断发展变化的过程，只要人类社会存在，生产力就始终处于发展变化之中。

我们以科学技术为例。我们前面讲过，科学技术是生产力的一个非实体要素，也是当今社会推动生产力发展的最重要的因素之一。回顾工业革命以来人类科技进步的历史，我们可以看到，科技进步不仅从来没有停止过，而且进步的速度越来越快。我们无法设想，科技进步有一天到头了，再也无法进步了。且不说面对浩瀚宇宙，人类现在所掌握的知识微不足道，离我们彻底了解宇宙的全部知识还有非常遥远的距离，就算有一天人类真的掌握

① ［美］弗朗西斯·福山：《历史的终结及最后之人》，黄胜强等译，北京：中国社会科学出版社2003年版，第2—3页。

了关于宇宙的全部知识，那也不意味着人类的科技创新就到头了，因为宇宙本身就处于发展变化之中，新的未知领域在不断涌现。因此，无论从哪个历史尺度讲，科技创新都是没有止境的。这也就意味着人类生产力的进步是没有止境的。

按照唯物史观的基本原理，生产力的发展必然导致社会形态的更替。马克思多次强调这一点。1846年，马克思在给安年科夫的信中就指出："人们在发展其生产力时，即在生活时，也发展着一定的相互关系；这些关系的形式必然随着这些生产力的改变和发展而改变。"[①]1847年，马克思在《哲学的贫困》中批判了蒲鲁东完全颠倒经济范畴与现实运动之间的关系的唯心史观和形而上学方法论，他写道："经济学家蒲鲁东先生非常明白，人们是在一定的生产关系中制造呢绒、麻布和丝织品的。但是他不明白，这些一定的社会关系同麻布、亚麻等一样，也是人们生产出来的。社会关系和生产力密切相联。随着新生产力的获得，人们改变自己的生产方式，随着生产方式即谋生的方式的改变，人们也就会改变自己的一切社会关系。手推磨产生的是封建主的社会，蒸汽磨产生的是工业资本家的社会。"[②]

因此，马克思没有也不可能把共产主义看作人类历史的终

① 《马克思恩格斯文集》第十卷，北京：人民出版社2009年版，第47页。
② 《马克思恩格斯文集》第一卷，北京：人民出版社2009年版，第602页。

点。恰恰相反，在马克思看来，共产主义是真正的人类历史的起点，而之前的社会只不过是“人类社会的史前时期”。他指出：“大体说来，亚细亚的、古希腊罗马的、封建的和现代资产阶级的生产方式可以看做是经济的社会形态演进的几个时代。资产阶级的生产关系是社会生产过程的最后一个对抗形式，这里所说的对抗，不是指个人的对抗，而是指从个人的社会生活条件中生长出来的对抗；但是，在资产阶级社会的胎胞里发展的生产力，同时又创造着解决这种对抗的物质条件。因此，人类社会的史前时期就以这种社会形态而告终。”①

福山把所谓的自由民主制度看做最完善的社会制度，认为人类“找不出比自由民主理念更好的意识形态”②，这完全是一种形而上学的观点。马克思主义认为，自由民主作为一种政治制度和上层建筑，是由特定的经济基础决定的。因此，不能脱离经济基础孤立地来评价它好与不好。任何与经济基础相适应，因而能够促进生产力发展的上层建筑都是好的。相反，如果脱离具体的生产力和生产关系，抽象地、人为地设计一种“完美”的制度，并试图用它来改进人类生活，则一定会走向它的反面。

① 《马克思恩格斯文集》第二卷，北京：人民出版社2009年版，第592页。

② ［美］弗朗西斯·福山：《历史的终结及最后之人》，黄胜强等译，北京：中国社会科学出版社2003年版，第1页。

在资本主义条件下，自由民主制度是资产阶级实现自己政治统治的一种方式，对此马克思多次进行过深入的批判分析。从资本主义的历史和现实看，所谓的自由民主制度从来也没有保障处于社会底层的劳动人民的权利和利益。尽管资产阶级法律上宣布所有的公民都享有平等的政治权利，但劳动人民的有限的收入决定了他们不可能与资本家阶级享有同样的自由和平等。福山无视资本主义的现实，抽象地谈论自由民主制度的“好”，实属欺人之谈。

因此，福山的“历史终结论”说白了就是一场故意吸引眼球的学术表演，本质上反映的是资产阶级永远维持统治地位的妄想，其破产也就没有什么让人意外的了。事实一再证明，历史不会终结，终结的是“历史终结论”。

三、未来展望：社会主义必将走向复兴

从1917年十月革命开始，世界进入了社会主义革命的时代。在一百多年的历史中，社会主义在资本主义的围追堵截中经历风风雨雨，但始终屹立不倒，并爆发出强大的发展动能。究其原因，在于社会主义适应了生产力发展的需要，凝聚着人类的崇高理想，代表着社会发展的方向。展望未来，社会主义终将走向复兴，并最终彻底战胜资本主义。因为社会主义是一个新生事物，代表着社会发展的方向。

（一）社会主义是一个新生事物

哲学上讲的新生事物，是指符合事物发展的必然趋势，具有强大生命力和光明前途的事物。一切新生事物都是在旧事物的母体当中孕育发展起来的，它继承了旧事物当中积极的、合理的因素，抛弃了旧事物中消极的、过时的、腐朽的因素，形成了自身的特点，因而超越了旧事物，代表着一个新的发展阶段。

尽管新事物产生之初，是不完善的、弱小的，但由于它与旧事物相比较更完善、更高级、更优越，具有更强的适应力，因而符合事物发展的规律，代表着前进的方向，它在与暂时强大的旧事物的斗争中，最终会取得胜利。新生事物是不可战胜的。

社会主义是一个新生事物，它脱胎于资本主义，又超越了资本主义。一方面，它继承和吸收了资本主义的先进因素，如先进的科学技术、先进的组织管理方法、先进的社会管理经验等；另一方面，它又克服了资本主义私有制造成的种种弊端，如分散的个人主义导致的整个社会的无政府状态、资本对雇佣工人的残酷剥削导致的严重的社会贫富分化、资本过度投机导致的金融危机和经济危机等。它既满足了生产力发展的客观要求，又符合人类进步的方向，是合规律性与合目的性的统一。

社会主义是一个新生事物，像自然界的生物一样，它也有一个从发育、生长到不断成熟的过程。从马克思和恩格斯于19世纪

40年代创立唯物史观，把社会主义从空想变成科学，距今不到二百年；从列宁领导俄国布尔什维克于1917年发动十月革命建立世界第一个社会主义国家，距今不过一百年多一点。从人类社会演变的历史尺度看，社会主义还处于发展的初期。一方面，它本身的力量还不够强大，在与已经成熟的资本主义的较量中，暂时处于劣势；另一方面，社会主义是一项前无古人的事业，需要一代又一代人在实践中探索符合各国国情的发展道路，犯错是难免的。所以社会主义革命和建设不会是一帆风顺的，遭受挫折是正常现象。

社会主义作为新生事物，不会因为对手的强大而退缩，不会因为暂时的挫折而沉沦。马克思主义者懂得历史发展的辩证法，明白事物发展的波浪式前进和螺旋式上升的道理，不会把社会主义革命和建设想象成直线上升的过程，因而对现实中出现的各种挫折和问题有充分的思想准备，不会因此而动摇信心。他们深刻理解社会主义作为新生事物，比资本主义制度更有利于生产力发展，比资本主义制度更能实现全体人民的利益。尽管社会主义目前还处于弱小阶段，但它会随着时间推移而不断发展壮大，它一定会战胜并完全取代资本主义。

因此，社会主义作为新生事物，尽管它的发展道路是曲折的，但它的前途是光明的，中国特色社会主义的伟大实践充分证明了这一点。

（二）新时代中国特色社会主义必将带动世界社会主义复兴

20世纪80年代末90年代初发生的东欧剧变是世界社会主义运动的一次重大转折。一方面，苏联东欧大批社会主义国家的制度转向使得世界社会主义力量急剧萎缩，世界社会主义运动进入低谷；另一方面，世界社会主义运动的中心转向中国，中国社会主义制度能不能坚持住、能不能发展好，将决定全球社会主义事业的前途和命运。世界的目光聚焦于中国。

面对各种各样的声音，中国共产党人没有惊慌、没有犹豫，更没有退缩。他们冷静地分析国内外形势，坚定不移地继续执行改革开放的基本国策。他们的步子迈得更大、迈得更稳，以更加坚定的信心和决心推动中国特色社会主义的伟大探索和实践。

1992年初，邓小平在南方谈话中，对社会主义条件下计划与市场的关系做出新的阐述。他指出："计划多一点还是市场多一点，不是社会主义与资本主义的本质区别。计划经济不等于社会主义，资本主义也有计划；市场经济不等于资本主义，社会主义也有市场。计划和市场都是经济手段。"这一观点极大地突破了传统社会主义观念的束缚，为我国改革开放的进一步深入提供了广阔的空间。1992年10月召开的党的十四大，明确提出中国经济体制改革的目标是建立社会主义市场经济体制，中国的改革开放和社会主义建设由此展开了全新的画卷。

从1992年到2011年的20年间，中国的GDP从2.7万亿元跃升到47.3万亿元，世界排名由第十跃居第二。中国经济实力的大幅提升不仅极大地增强了综合国力、改善了人民生活，而且极大地提升了中国的国际地位、提升了中国人民的自信心。香港、澳门的顺利回归，2008年第29届夏季奥运会、2010年上海世博会等一系列重大国际活动的成功举办，大大提升了中国在国际上的影响力。这一伟大成就也充分显示了社会主义制度的优越性。中国特色社会主义不仅站稳了脚跟，而且在国际上的影响力和吸引力不断增强。

党的十八大以来，随着我国社会主要矛盾转化为人民日益增长的美好生活需要和不平衡不充分的发展之间的矛盾，中国特色社会主义进入新时代。以习近平同志为主要代表的中国共产党人，坚持把马克思主义基本原理同中国具体实际相结合、同中华优秀传统文化相结合，创立了习近平新时代中国特色社会主义思想。习近平新时代中国特色社会主义思想就新时代坚持和发展什么样的中国特色社会主义、怎样坚持和发展中国特色社会主义，建设什么样的社会主义现代化强国、怎样建设社会主义现代化强国等重大时代课题，提出一系列原创性的治国理政新理念新思想新战略。它不仅为我们加快建设社会主义现代化强国提供了行动指南，而且为我们在新的历史条件下深化对社会主义制度优势的认识提供了科学的理论指导。

从2012年到2021年的10年间，中国经济社会继续持续快速发展，GDP总量稳居世界第二；人均GDP超过1万美元，国家经济实力、科技实力、综合国力跃上新台阶。

从2015年开始，党中央组织实施人类历史上规模最大、力度最强的脱贫攻坚战。到2021年中国共产党成立一百周年，中国脱贫攻坚战取得了全面胜利，现行标准下9899万农村贫困人口全部脱贫，832个贫困县全部摘帽，12.8万个贫困村全部出列，区域性整体贫困得到解决，历史性地解决了绝对贫困问题，创造了人类减贫史上的奇迹，充分彰显了社会主义制度的优越性。

中国特色社会主义建设的伟大实践使科学社会主义在21世纪的中国焕发出强大的生机活力，不但在世界上把社会主义伟大旗帜举住了、举稳了，而且为世界其他国家提供了可资借鉴的发展方案和发展模式，从而大大增强了社会主义制度的吸引力。

党的十九届五中全会提出，全面建成小康社会、实现第一个百年奋斗目标之后，我们要乘势而上开启全面建设社会主义现代化国家新征程、向第二个百年奋斗目标进军，这标志着中国进入了一个新发展阶段。过去四十多年的快速发展为我国顺利完成全面建设社会主义现代化国家的历史性任务奠定了雄厚的物质基础，在社会制度、治理效能、人力资源和市场空间等方面形成了较为明显的优势，因此，我们坚信，在中国共产党的领导下，全面建成社会主义现代化强国的第二个百年奋斗目标一定能够实现。

展望未来，中国特色社会主义的前景无限光明。我们相信，在中国的引领和示范下，世界社会主义运动必将走向复兴！

本章小结

唯物史观揭示了社会主义取代资本主义的历史必然性，但这是一个长期的历史过程。当今时代是社会主义和资本主义两大制度共存和竞争的时代，这一过程充分展示出历史发展的复杂性和曲折性。20世纪90年代初苏联东欧社会主义制度的瓦解使世界社会主义运动暂时陷入低潮，资本主义暂时占据了上风，以至于一些资产阶级学者宣布“历史的终结”。“历史终结论”是一种形而上学的历史观，它完全无视资本主义制度的内在矛盾，极大地低估了社会主义制度的生命力，以至于很快就被中国特色社会主义制度的蓬勃发展所证伪。站在21世纪的今天，我们一方面要充分认识到社会主义和资本主义竞争的艰巨性和复杂性；另一方面要满怀信心地认识到中国特色社会主义制度的优越性和对当代资本主义的超越性，坚定社会主义必胜的信念。

参考文献

[1]《马克思恩格斯文集》第一至十卷，北京：人民出版社2009年版。

[2]《马克思恩格斯全集》第一卷，北京：人民出版社1995年版。

[3]《马克思恩格斯全集》第二卷，北京：人民出版社2005年版。

[4]《马克思恩格斯全集》第三卷，北京：人民出版社2002年版。

[5]《马克思恩格斯全集》第四十九卷，北京：人民出版社2016年版。

[6]《列宁全集》第二十九卷，北京：人民出版社1985年版。

[7]《列宁专题文集：论马克思主义》，北京：人民出版社2009年版。

[8]《列宁专题文集：论社会主义》，北京：人民出版社2009年版。

[9] 习近平：《习近平谈治国理政》第一卷，北京：外文出版社2018年版。

[10] 习近平：《习近平谈治国理政》第二卷，北京：外文出版社2017年版。

[11] 习近平：《习近平谈治国理政》第三卷，北京：外文出版社2020年版。

[12] [苏] 日梅霍夫编：《国际工会运动史教材》第一册，新兵译，北京：工人出版社1956年版。

[13] [法] 奥古斯特·科尔纽：《马克思恩格斯传》第一卷，刘丕坤、管士滨等译，北京：生活·读书·新知三联书店1963年版。

[14] [法] 奥古斯特·科尔纽：《马克思恩格斯传》第二卷，刘丕坤、管士滨等译，北京：生活·读书·新知三联书店1965年版。

[15] [德] 弗兰茨·梅林：《马克思传》，樊集译，北京：人民出版社1965年版。

[16] 中共中央马恩列斯著作编译局编：《马克思恩格斯生平事业年表》，北京：人民出版社1976年版。

[17] [法] 奥古斯特·科尔纽：《马克思恩格斯传》第三卷，刘丕坤、管士滨等译，北京：生活·读书·新知三联书店1980年版。

[18] 中国人民大学马列主义发展史研究所：《马克思恩格斯思想史》，上海：上海人民出版社1982年版。

[19] [苏] 弗·阿多拉茨基主编：《马克思年表》，张惠卿、李

亚卿译，北京：人民出版社1982年版。

[20] [苏] 列·伊利切夫等:《弗里德里希·恩格斯》，程代熙等译，北京：人民出版社1984年版。

[21] 中共中央马克思恩格斯列宁斯大林著作编译局国际共运史研究室:《国际共运史研究资料》第3辑，北京：人民出版社1986年版。

[22] 陈先达:《走向历史的深处——马克思历史观研究》，上海：上海人民出版社1987年版。

[23] 中国人民大学马列主义发展史研究所:《马克思主义史》，北京：人民出版社1996年版。

[24] [德] 海因里希·格姆科夫等:《马克思传》，易廷镇、侯焕良译，北京：人民出版社2000年版。

[25] 孙伯鍨:《探索者道路的探索——青年马克思恩格斯哲学思想研究》，南京：南京大学出版社2002年版。

[26] [美] 弗朗西斯·福山:《历史的终结及最后之人》，黄胜强等译，北京：中国社会科学出版社2003年版。

[27] 中共中央马恩列斯著作编译局编:《回忆马克思》，北京：人民出版社2005年版。

[28] [英] 托马斯·卡莱尔:《论英雄、英雄崇拜和历史上的英雄业绩》，周祖达译，北京：商务印书馆2005年版。

［29］［英］戴维·麦克莱伦：《马克思传》，王珍译，北京：中国人民大学出版社2006年版。

［30］《马克思主义发展史》（第二版），北京：高等教育出版社、人民出版社2021年版。

［31］刘淑春：《当前世界各国共产党的发展态势》，《领导科学论坛》2016年第16期。

［32］陈学明、李先悦：《福山的“历史终结论”的终结说明了什么》，《马克思主义理论学科研究》2017年第1期。

［33］王怀超：《当代世界社会主义运动发展的新特点、新趋势》，《中共宁波市委党校学报》2018年第2期。